Für alle Genießer und Entdecker dieser Welt.

Für Dich.

NECTAR & PULSE®

HIPPIN.G

*Genieße den Nektar,
spüre den Puls.*

Tanja & Christian Roos

Glücklich in

Hamburg

Der Reiseführer für Genießer und Entdecker

Süddeutsche Zeitung Edition

Inhalt

1. Willkommen

Herzlich willkommen in Hamburg! Bei Sonne gibt es wohl keine Stadt in Deutschland, in der das glückliche Reisen leichter fällt. Für jeden Geschmack hat die Perle im Norden etwas zu bieten: Schwimmen in der Elbe, ausgedehnte Strandspaziergänge, Kunstgalerien und fantastische Architektur, Hafenflair und Segeltörns, wilde Szeneviertel, ein pulsierendes Nachtleben und kulinarische Restaurant-Highlights. Vor allem Wasser-Liebhaber kommen voll auf ihre Kosten, mit romantischen Ausflügen ans Blaue und ins Grüne. Wir freuen uns, die schönsten Orte dieser herrlichen Stadt hier mit euch zu teilen.

Moin Moin!
Schön, dass Du da bist.

Hamburg hat das Profil einer Weltstadt und bewahrt sich zugleich die typisch hanseatische Gelassenheit. Die Stadt ist regelmäßig Veranstaltungsort für etablierte, internationale Kultur- und Sport-Events, die jüngste Architektur rund um die Hafencity ist spektakulär und der Hamburger Hafen zählt zu den bedeutendsten Häfen Europas. Auch die Deichtorhallen gehören zu den größten Kunst-Ausstellungsflächen Europas und die kreative Theater- und Musikszene ist über die Landesgrenzen hinaus bekannt. Doch der Hamburger möchte nur ungern Weltstädter sein. Der Hanseat liebt die Beständigkeit, das Understatement und vor allem das schöne und elegante Leben. Und das wird hier auf vielfältige Art zelebriert: bei Bootsfahrten in den Alster-Kanälen, beim Picknick am Elbstrand oder auf den Alsterwiesen und bei der Fährfahrt ins Alte Land oder nach Blankenese. Gleichzeitig bietet Hamburg genau das richtige Maß an Veränderung: junge, kreative Gastronomie, coole Orte für Konzerte und eine lebendige Theaterlandschaft. In Hamburg lässt sich die Stadt samt ihren kulturellen Highlights auf genussvolle Weise entdecken – am besten mit der Fähre oder dem Fahrrad.
Hamburg bietet vieles. Das Beste daraus teilen wir hier. Man wird auf seiner Reise nie alles sehen können. Daher fokussieren wir uns auf das Wesentliche und teilen mit euch die für uns ungewöhnlichsten und schönsten Orte auf den folgenden Seiten. Zusätzlich befragen wir inspirierende Einheimische zu ihren Lieblingstipps und lassen sie in unseren Reiseführern zu Wort kommen. Wir nennen sie Local Soulmates. Daraus entsteht eine spannende Mischung aus originellen und authentischen Orten, an denen man die Seele baumeln lassen, den Moment genießen und das Glück in jeder Zelle spüren kann. Ob als Paar, als Familie, mit Freunden oder alleine – für jeden Bedarf gibt es die richtige Adresse. Ganz nach dem Motto: Das Leben ist eine Reise.

In diesem Sinne wünschen wir eine erfüllte Zeit.
Genieße den NEKTAR. Spüre den PULS. Diesmal in Hamburg.

Herzlichst

Tanja & Christian

Hamburg
Stadtteile

N

Altona-Nord

Eimsb

Elbvororte

Al

Ottens

ELBE

W

Finkenwerder

Buxtehude

S

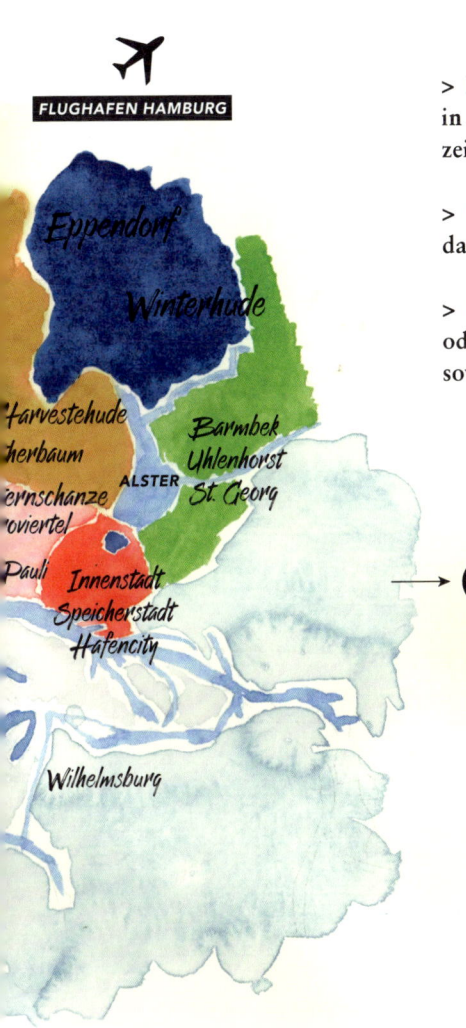

FLUGHAFEN HAMBURG

Eppendorf

Winterhude

Harvestehude
Pöseldorf
Sternschanze
Karoviertel

Barmbek
Uhlenhorst
St. Georg

ALSTER

St. Pauli
Innenstadt
Speicherstadt
Hafencity

Wilhelmsburg

Infos zum Guide:

> Im Buch findest du eine große Karte, in der alle Tipps mit Adressen verzeichnet sind.

> Die Viertel sind farbig markiert, so dass du dich schnell orientieren kannst.

> Die Tipps sind entweder nach Viertel oder nach Thema geordnet, so dass du sowohl als auch suchen kannst.

Damit steht einer glücklichen Zeit in Hamburg nichts mehr im Wege. Genussvolles Entdecken!

→ O

■■■■ INNENSTADT, SPEICHERSTADT, HAFENCITY ■■■■

Das charakteristische Rathaus aus der Neo-Renaissance bildet das Herz der Stadt und liegt mit den eleganten Flaniermeilen Mönckebergstraße und Jungfernstieg direkt an der Binnenalster. Den besten Ausblick genießt man vom Michel oder am Hafen einfach aus der U-Bahn U3 zwischen Landungsbrücken und Baumwall. Von hier spaziert man über eindrucksvolle Stahlbrücken entlang der Fleete durch die historische Speicherstadt mit den roten Backsteinkontoren. Einen Blick in die alten Speicher wirft man am besten im Miniaturwunderland, dem Gewürzmuseum oder der Kaffeerösterei. Dahinter schließt sich die atemberaubende Hafencity mit der über allem thronenden Elbphilharmonie an. Eine großartige Aussicht hat man auch von der Fähre 62, die von den Landungsbrücken in die Hafencity fährt. Neben dem Museumshafen und den futuristisch wirkenden Terrassen (Marco Polo und Magellan) ist ein Besuch der Elbphilharmonie Plaza ein unbedingtes Muss!

■■■■ ST. PAULI, STERNSCHANZE, KAROVIERTEL ■■■■

Der Hamburger Kiez ist rotzig, wild und unkonventionell. Im Weltkrieg zu großen Teilen zerstört, wurde das sündige Vergnügungsviertel St. Pauli in den 50ern und 60ern wieder aufgebaut. Östlich der Reeperbahn liegen Sternschanze und Karoviertel – früher verarmte Altbaugegenden, heute mit ihrer alternativen Kultur und dem Multikulti-Charme die Hamburger Szeneviertel. Das Karoviertel lädt mit Fairtrade-Modeboutiquen, Second-Hand-Läden und kleinen Cafés entlang der bunten Marktstraße zum Bummeln ein. Abends geht's weiter in die Schanze. Durch die Gentrifizierung von vielen als überteuertes Yuppie-Viertel kritisiert, tummeln sich dennoch rund um das Schulterblatt und die seit 1989 besetzte Rote Flora unzählige schräge Typen in den teils urigen Kneipen und Straßen. Die wilde Seele des Stadtteils ist immer noch zu spüren.

■■■■ OTTENSEN, ALTONA ALTSTADT ■■■■

Sonntags lockt der Fischmarkt Frühaufsteher oder Reeperbahnbesucher auf dem Heimweg an die Elbe und in der Woche gibt es die besten Fischbrötchen Hamburgs in der Großen Elbstraße. Im Sommer sind die vielen Grünflächen, wie der Altonaer Balkon, begehrte Ziele zum Grillen und Entspannen. Die kulturelle Vielfalt wird besonders in Ottensen entlang der Ottensener Hauptstraße und bei den Zeise-Kinos deutlich, wo sich kleine Läden, Szenebars, Kneipen und Restaurants aneinanderreihen. Wer die großen Highlights der Stadt schon kennt, kann hier wunderbar auf eine authentische Entdeckungstour gehen.

EIMSBÜTTEL, ROTHERBAUM, HARVESTEHUDE

Das dicht bewohnte Eimsbüttel ist vor allem bei jungen Familien beliebt. Herz des Viertels ist die lebhafte Osterstraße mit ihren vielen Cafés und kleinen Lädchen, im Frühling wird hier alljährlich mit dem bunten Osterstraßenfest der Sommer eingeläutet. Im Osten lässt sich in Harvestehude zwischen wunderschönen Villen und Altbauten der Hamburger High Society der Ausblick auf die Außenalster genießen. Im hohen Norden schließt sich zudem der berühmte Tierpark Hagenbeck an.

EPPENDORF, WINTERHUDE

Im schicken Eppendorf prägen die strahlend weißen, herrschaftlichen Altbauten, die vielen Parks und die Alsterkanäle das Ambiente. Das schöne Leben lässt sich herrlich entlang des Isebekkanals genießen: Bummeln über den tollen Isemarkt, Flanieren entlang der Boutiquen am Eppendorfer Weg und idyllische Bootsfahren durch die Kanäle bis zur Außenalster. Weiter östlich gelangt man in das ruhigere und beschaulichere Winterhude, wo man besonders um den Mühlenkamp tolle Restaurants und Cafés findet. Das grüne Herz des Viertels ist sein Stadtpark mit Planetarium, Festwiese für Open-Air-Konzerte und dem Naturbad Stadtparksee.

BARMBEK, UHLENHORST, ST. GEORG

Das frühere Arbeiterviertel Barmbek mit seinen typischen roten Backsteinfassaden ist heute Zuhause vieler junger Familien, da die Mieten hier noch günstiger sind als in den Szenevierteln westlich der Alster. Für Touristen gibt es einige wenige, aber sehr schöne Orte, die man mit einer Alsterumrundung verbinden kann. Besondere Erwähnung verdient jedoch das früher für Drogen und Prostitution verrufene Viertel St. Georg. Heute bietet es mit zahlreichen Theatern, Kunstgalerien und Museen ein neues kulturelles Zentrum der Stadt und rund um die immer noch etwas raue Lange Reihe lassen sich einige interessante kulinarische Orte und spezielle Läden entdecken.

ELBVORORTE

Wir lieben das Flair in den Elbvororten! Eine Fahrt Richtung Westen führt uns entlang der großen luxuriösen Villen an der Elbchaussee, die wie ein Wahrzeichen für den Hanseatischen Reichtum stehen. Wer alternativ mit der Fähre Richtung Westen schippert, hat einen tollen Blick auf die Villen vom Wasser aus. Ein Spaziergang vom Museumshafen Övelgönne bis zur Strandperle oder weiter zum Alten Schweden ist bei Sonnenuntergang mit Blick auf die Hafenkräne ein einzigartiges Erlebnis. Ein Ausflug nach Blankenese und Wittenbergen ist besonders im Sommer ein Hochgenuss: Spaziergänge durch das verwunschene Treppenviertel, entlang der „trubeligen" Sandstrände bis nach Wittenbergen, wo man ganz für sich allein auf die Elbe blicken kann.

HAMBURG IN ZAHLEN

19
Stadtteile

N 53° 33'
O 10° 0'

ANZAHL EINWOHNER
1,8 MILLIONEN

München – 1,5 Mio.
Berlin – 3,7 Mio

Hamburg - die Stadt am Hafen,
mit Herz & Flair.

Gründungsdatum Hamburger
Hafen: 7. 5. 1189

HAMBURG:

„Hamburg ist das Tor zur Welt.
Aber du musst auch durchgehen." – Elisabeth Lagerfeld

Fläche Hamburg:

755,2 km²

davon Wasser:

8 %

Mexikaner:
KORN
+
TOMATENSAFT
+
TABASCO

Moin
Tschüss

Knolle

=

Astra

HÖCHSTE GEBÄUDE:

St. Nikolai (147 m),
Köhlbrandbrücke (135 m),
Michel (132 m),
Elphi (110 m)

Ankünfte von
Containerschiffe 2017:

3652

Radler /
Alsterwasser

1.100

Glaselemente der
Elphi-Fassade

Kosten
Elbphilharmonie:

789 Mio.

14,9 m

Tiefe der Elbe

Anzahl der Brücken:

Hamburg (2.500)
Venedig (400)

867

EINKOMMENS-
MILLIONÄRE

FC St. Pauli
in der 1. Bundesliga
seit 1965:

8 Jahre

Verschuldung:

32,6 Mrd.

KLÖNSNACK

I LIKE FISH

Aus Liebe zu Hamburg.
Aus Liebe zur Architektur.
Aus Liebe zum Detail.

CAFE

Zoo Ec Hof

Nordlicht

CATCH your BREATH

SALON

SCHONE
FARBEN

LIEB
SEIN

2. Glückliche 24 Stunden

Es braucht nicht viel für einen gelungenen Tag. Ein gemütliches Café, ein leckeres Essen, interessante Menschen, eine inspirierende Ausstellung, ergreifende Musik oder ein entspannter Spaziergang … Die folgenden 24 Stunden sind unsere ganz persönlichen Vorlieben für einen glücklichen Tag in den unterschiedlichen Vierteln von Hamburg. Tauche ein und lass dich treiben, genieße den Nektar und spüre den Puls. Viel Vergnügen und eine schöne Reise in „unser" Hamburg. Fast alle Tipps der 24 Stunden finden sich auch in den Rubriken und auf der Karte wieder.

Über glückliches Reisen

Warum eine Reise dein Leben verändern kann. Text: Chris Roos

Hamburg ist meine erste große Liebe! Der erste Hamburg-Besuch führte mich 1997 zum G+J Gebäude am Baumwall, wo meine Mutter für den „Stern" arbeitete. Ich war 13 Jahre alt und unvergesslich ist für mich bis heute die Fahrt mit der U3 zwischen Landungsbrücken und Baumwall. Die Hochbahn fährt auf der nostalgischen Stahlkonstruktion und der herrliche Blick auf den Hafen erweckte bei mir die Sehnsucht nach der großen, bunten Stadt. Man fährt vorbei an den Wahrzeichen der Stadt: Landungsbrücken, Cap San Diego, Rickmer Rickmers, Feuerwehrschiff, Kehrwiederspitze und dahinter die mystische Speicherstadt und immer mit Blick auf das geschäftige Treiben auf der Elbe. Und natürlich ganz neu, die Hafencity und die über allem thronende Elbphilharmonie „Elphi". Auch heute noch empfehle ich die U3-Strecke am Baumwall für einen Hamburg-Besuch, um den unverwechselbaren Charme der Stadt ganz konzentriert zu erleben.

Meine Sehnsucht nach der Hanse erfüllte sich. Hamburg wurde für mehr als ein Jahrzehnt mein Zuhause. Während der Recherche für das Buch durfte ich nun an vielen Orten gedanklich mein damaliges Erwachsenwerden erneut erleben. Ich durfte mich gleichzeitig aber auch aus einer anderen Perspektive neu verlieben in diese elegante und schnieke Stadt am Wasser mit ihrem gepflegten Understatement.

Als junger Erwachsener war ich beeindruckt vom wilden und kontrastreichen Großstadtflair und der hanseatischen Weltoffenheit: Punks, Demos und Bars an der roten Flora in der Schanze; Stehkragen und Hanseatentum in Othmarschen; Drogen, Hausbesetzer und schmutzige Vintage-Shops im Karoviertel; schicke Shopping-Touren in den Boutiquen am Eppendorfer Baum; Versacken in unserer Lieblingskneipe „Zum Anker" auf St. Pauli; bis zum Morgengrauen Mexikaner & Korn trinken am Hans-Albers-Platz und dann auf dem Fischmarkt Fischbrötchen essen; unzählige Alsterumrundungen und Strandspaziergänge von Övelgönne bis Wittenbergen; Schwimmen am Blankeneser Elbstrand und natürlich: Hafenrundfahrten bei jedem Schietwetter.

Jede Stadt wird erst durch die Einwohner zu dem, was sie ist. Ich kenne keine andere Stadt, in der man so schnell mit den Menschen in Kontakt tritt. Kaum ein Astra bestellt und man beginnt sich persönliche Geschichten zu erzählen und Gemeinsamkeiten zu entdecken – Gemeinsamkeiten mit Wildfremden. Im Silbersack steht der Zuhälter neben dem Reeder und der FC St. Pauli-Ultra neben dem Jurastudenten. Eine wunderbare, hanseatische Art, die

*„Obwohl wir die Welt bereisen, um das Schöne zu finden:
Wir müssen es in uns tragen, sonst finden wir es nicht."*

– Ralph Waldo Emerson

mir überall in der Stadt wieder begegnet. Im Blankeneser Treppenviertel treffe ich auf zwei alte Damen, die die Beatles 1962 im Star Club live erlebten. Mit Alexandra Friese treffe ich eine radikal ehrliche Soulmate, die aus ihrem Leben in einer hanseatischen „Buddenbrooks-Familie" mit sechs Geschwistern erzählt. Die tolerante und weltoffene Seefahrer-Kultur steckt den Hamburgern im Blut. Ein Schnack an der Ecke verrät manchmal sogar mehr über die Kultur als ein Besuch im Museum für Hamburgische Geschichte.

Wenn ich dann heute in der Kiezkneipe „Zum Anker" mit einer Knolle in der Hand stehe, muss ich schmunzeln: Wie vor zwölf Jahren steht hier dieser Billardtisch mit Blick auf die Herbertstraße, damals wie heute ein legendärer Geheimtipp! Es ist schön zu sehen, dass solche Einrichtungen Bestand haben. So wurde auch die Kultkneipe „Zum Silbersack" nach 63 Jahren Betrieb mit dem Tod der Inhaberin zunächst geschlossen und dann unter neuer, loyaler Führung in gleicher Manier weitergeführt. Der Hanseat ist eben verlässlich. Ich wollte mich als junger Erwachsener an einem bestimmten Punkt neu erfinden und nicht die gleiche Spur weitergehen. Da ist Hamburg verlockend. Wer hier seinen sozialen Kreis hat, der bleibt darin. Das schicke Leben an Alster und Elbe verführt dazu, alles zu belassen, wie es ist. Die vielen Wasserflächen unterstreichen das mit einer besonders friedlichen und romantischen Atmosphäre in der Stadt. Auch die Schanze und das Karoviertel sind heute viel braver und ansehnlicher geworden, nichts was den gewohnten Gang stört und zur Veränderung drängt.

Einige sagen, das sei etwas spießig und konservativ, wenn man etwas Neues wagen möchte und nicht gleich dem Anspruch gerecht werden will, dass alles gleich korrekt sein muss. Ein Spiegel-Kolumnist bezeichnete Hamburg in diesem Sinn als das „Stuttgart des Nordens". Doch darum lebe ich meine größte Passion in Berlin aus: Ich schreibe Reiseführer. Und das als promovierter Maschenbauingenieur. Die Neuerfindung ist also geglückt und so kann ich mich auch wieder neu verlieben in diese elegante Stadt am Wasser, die sich gar nicht neu erfinden muss. Sie schreibt ihre Geschichte weiter und fügt die imposante Hafencity in das Vermächtnis der ehrwürdigen Speicherstadt reizend ein. Und wenn ich dann mit der Fähre 62 in Richtung Hafen fahre, spiele ich für einen Moment wieder mit diesem Gedanken: Hamburg wäre auch wieder eine schöne Heimat!

„*In Liverpool bin ich geboren. In Hamburg bin ich erwachsen geworden.*“

— John Lennon

Moin Hamburg!

Glückliche 24 h in der Sternschanze & St. Pauli

10 Uhr

Das beste Frühstück in der Schanze gibt es bei *122. Herrn Max*. Der macht zudem sensationelle Kuchen, Torten und Scones in seinem sehr stilvollen Café.

11 Uhr

Samstags geht es weiter auf den tollen Schanzenflohmarkt an der alten Rinderschlachthalle. Bei der Gelegenheit stöbern wir auch gleich nach neuen Büchern bei *200. Cohen+Dobernigg*.

13 Uhr

Fantastische palästinensische Speisen für zwischendurch gibt es im *100. Azeitona*. Alternativ spazieren wir Richtung Karoviertel und gehen zum großartigen vegetarischen Restaurant *75. Happen-pappen* auf einen Burger. Super Eis gibt es bei *152. Joschi*.

14 Uhr

Wir gehen auf Shoppingtour in die Marktstraße (*Herr von Eden, 165. Glore* oder *168. Vunderland*) und anschließend in uriger Atmosphäre Kuchen essen im *120. Harbor Cake*.

21 Uhr

Für Drinks ist die Auswahl groß, nebenan in der Paul-Roosen-Str. liegt der *205. Weinladen* oder die Bar *Clockers*. Ein Astra in der Spilunke *209. Zum Anker* oder im *208. Silbersack* ist auch nie verkehrt und super Mexikaner (Hamburger Bloody Mary) gibt es im *211. Chug Club*.

16 Uhr

Nachmittags zieht es uns zur Sternschanze, wo wir am Park hinter der *roten Flora* eine Pause einlegen und das Treiben beobachten. Wer gern weiter auf Shoppingtour gehen möchte, schlendert Richtung *Weidenallee*.

23 Uhr

Für die Nacht geht's ins *243. Fritz im Pyjama*, ins *252. Kleine Schwarze* oder zum *248. Ferienhäuschen*.

18 Uhr

Zum Abendessen gehen wir am liebsten in das Restaurant *79. Nil*, ins *82. Bistro Carmagnole* oder zu *Philips Restaurant*. Wer es etwas hipper möchte, fährt nach St. Pauli in den *78. Krug* oder zum Restaurant *81. hæbel*.

Glückliche 24 h in der Innenstadt und Hafencity

9 Uhr
Wir starten mit einem Frühstück in der *114. Erste Liebe Bar.*

10 Uhr
Danach geht es vorbei am Rathaus durch die Colonnaden bis zum Jungfernstieg. Hier besuchen wir das *4. Bucerius Kunstforum.*

12 Uhr
Zum Mittagessen fahren wir zum Oberhafen und kehren dort bei *93. Hobenköök, 95. Daruma* oder in der urigen *71. Oberhafen-Kantine* ein. In der Stadt wäre die Alternative das *73. Mutterland Cölln's.*

20 Uhr

Für Gourmets geht es zum Fine Dining zum Sternerestaurant *69. The Table* oder in das ungewöhnliche *89. 100/200 Kitchen* – alternativ zum eigenwilligen *72. Heldenplatz* oder in die Institution von St. Georg, dem Restaurant *92. Cox.*

17 Uhr

Danach besuchen wir die Plaza der *233. Elbphilharmonie* (Tickets am besten online kaufen).

16 Uhr

Wir gehen durch den Hafen am Sandtorkai und machen einen kurzen Stopp in *14. Harrys Hafenbasar.*

14 Uhr

Hier bietet sich unbedingt ein Besuch der imposanten *1. Deichtorhallen* an, bevor wir mit einem Eis bei *151. Orogelato* Richtung Hafencity schlendern und den Blick von den *Magellan-Terrassen* bestaunen.

Glückliche 24 h in Eppendorf

14 Uhr

Zum Mittagessen gehen wir ins Fischrestaurant *94. Liman* und im Anschluss holen wir uns ein SUP oder ein Boot bei *57. SUP Legion* und relaxen am *221. Monkey Beach*. Wenn hier zu viel los ist, gehen wir zum *58. SUPper Club* oder zu unserem Verleih-Geheimtipp, dem *56. Speisekai*.

11 Uhr

Nun geht's mit dem Rad einmal um die Alster entgegen dem Uhrzeigersinn. Von der *Lombardts-brücke* blicken wir auf das Alsterpanorama, auf der Alsterwiese *Schwanenwik* machen wir ein Picknick und in der *149. Alsterperle* trinken wir ein Alster.

9 Uhr

Wir beginnen den Tag mit einem Einkauf für ein Picknick am *188. Isemarkt* (jeden Freitag und Dienstag). Danach gehen wir Frühstücken bei *134. Balz & Balz*, im *137. Ændrè* oder bei *130. moki's goodies*.

17 Uhr

Zum Shoppen machen wir einen Ausflug zu *185. Anita Hass* und schlendern dann die Hege-straße entlang (zu *190. Mili*, *189. Bon Voyage* und *194. 7. Zimmer*) bis zum trendigsten Eismacher Hamburgs, *155. Eis & Innig* oder zum romanti-schen Garten-Café *136. Little Amsterdam.*

20 Uhr

Unsere liebsten Dinner-Restaurants sind die beiden köstlichen Fine-Dining-Restaurants *86. Heimatjuwel* und *90. Wolfs Junge.*

23 Uhr

Nach einem aktiven Tag kommen wir in unser „home away from home", in eines der Apartments von *Deska* oder wir nächtigen einzigartig luxuriös im nagel-neuen *253. Fontenay.*

Glückliche 24 h in Blankenese+an der Elbe

13 Uhr

Auf dem Fähranleger genießen wir das Mittagessen in der Sonne im Restaurant *109. Opn Bulln*. Gestärkt spazieren wir den Blankeneser Sandstrand entlang und machen eine Pause an der *141. Kajüte*. Hier gehen wir erst schwimmen und trinken dann ein Alster am Leuchtturm bei der Kajüte.

11 Uhr

Von hier spazieren wir durch den *Jenischpark* zum *Ernst-Barlach-Haus* und dann weiter zum *29. Jenischhaus*, wo es auch ein kleines Café gibt. Mit der Fähre geht es weiter Richtung Blankenese.

10 Uhr

Wer nicht im HH-Westen übernachtet, nimmt die Fähre 62 von den *24. Landungsbrücken* zunächst zum *107. Fähranleger Teufelsbrück* in Klein Flottbek.

09 Uhr

Naturliebhaber übernachten im *250. Falkensteiner ElbeCamp* oder im Schnaakenmoor bei *Tiny Escapes*, alle anderen im B & B der herzlichen *143. Teestube Lühmanns*.

15 Uhr

Wir erkunden das *30. Treppenviertel* und trinken einen Kaffee in der romantischen *Treppenkrämerei*. Wem der Weg zu steil ist, dem empfehlen wir die Bergziege zu nehmen (Buslinie 48).

16 Uhr

Es geht weiter mit der Buslinie 36 die Elbchaussee entlang. Wir kehren in die Lindenterrasse des renommierten *144. Louis C. Jacob* ein und genießen den herrlichen Blick auf die Elbe.

18 Uhr

Nächster Halt ist die *147. Strandperle* in Övelgönne, wo wir am Strand sitzen und den Sonnenuntergang mit dem Hafen im Hintergrund bewundern.

20 Uhr

Mit der Fähre von Övelgönne oder mit dem Auto geht es dann weiter zum Abendessen in das *76. Salt & Silver* unweit der *24. Landungsbrücken*.

„Wenn ich durch den Hafen schippere, dann habe ich das Gefühl, meine Kindheit war gestern."

– Karl Lagerfeld

3. Local Soulmates

Eine Destination wird vor allem durch ihre Menschen zu dem, was sie ist. Wir haben hier jene porträtiert, die ihre Heimatstadt ausgezeichnet kennen und großzügig mit dir ihre Lieblingsorte teilen. Sie kommen aus den unterschiedlichsten Bereichen: Köche, Segler, Musiker, Designer, Kulturkenner, Architekten, Filmemacher, Autoren, Hoteliers, Blogger, Lebenskünstler, Kreative, ... Hier erfährst du, warum ihre Heimat in ihren Augen so besonders und lebenswert ist. Mache eine kleine Reise in das Leben und die Welt von inspirierenden Hamburgern, die ihre Stadt und das Leben lieben.

Im Gespräch mit

Stefanie Luxat

JOURNALISTIN · BLOGGERIN
ohhhmhhh.de · Podcast: Endlich Om

Bitte erzähl kurz von deinem Werdegang und der Entstehung von OhhhMhhh.

Ich bin ausgebildete Journalisten, war bei verschiedenen Magazinen und habe parallel 2009 mein eigenes Blog-Magazin OhhhMhhh.de gegründet. Einen Ort, an dem man sich gute Gefühle to go holen kann. Dazu gehört der Endlich Om-Podcast für Spätzünder in Sachen gesunde Ernährung, Selbstliebe und Nachhaltigkeit sowie das Endlich Ich-Abo - die Extraportion Empowerment und Entspannung.

Was bedeutet Hamburg für dich persönlich?

Hamburg ist meine große Liebe. Ich bin ihr seit zwanzig Jahren treu. Ich habe mal kurz mit Berlin und München rumgeknutscht, aber für keine andere Stadt hatte ich je so tiefe Gefühle. Hamburg ist eine irre entspannte Lebenspartnerin. Sie lässt dich in Ruhe, wenn es das ist, was du dir wünschst. Sie kann dir aber auch ordentlich Theater machen, wenn du das möchtest.

Hast du ein Lieblingsviertel und warum?

Wir leben seit 15 Jahren im *Schanzenviertel*, an der Grenze zu Eimsbüttel.

Das ist für uns perfekt, weil man hier genauso gelassen wird, wie man ist. Es geht nicht groß um Statussymbole, eher um kreative Lebensmodelle.

Was macht dich glücklich?

Einen Beruf gefunden zu haben, der mich glücklich macht und es mir ermöglicht, mir das Leben in Hamburg leisten zu können. Meine Kinder hier aufwachsen zu sehen, mit all den vielen, spannenden Möglichkeiten und, dass Hamburg sich zunehmend um das Thema Nachhaltigkeit kümmert. Ich träume oft von autofreien Vierteln. Wie schön wäre es, nicht ständig auf die Kinder achten zu müssen, sondern sie frei laufen lassen zu können, auf den Straßen Nachbarschaftsfeste zu feiern und an langen Tafeln zusammenzusitzen, Gemüsebeete auf den Bürgersteigen anzulegen, sich gegenseitig zu helfen und die Vögel zwitschern zu hören.

Was ist dein Happy Place in Hamburg?

Für mich gibt es zwei Orte, an die ich immer wiederkehre: *Alster* und *Elbe*.
Ein Spaziergang dort, ein Blick aufs Wasser, den Wind einatmen, die Gedanken schweifen und geordnet zu sich zurückkommen lassen – das kann so nur Hamburg.

Für mich gibt es zwei Orte, an die ich immer wiederkehre, wenn es wichtige Entscheidungen zu treffen oder große Gefühle zu verarbeiten gibt: die Alster und die Elbe.

Ralph & Tina Merz

Du hast früher in der Werbung gearbeitet und Tina arbeitet als Bühnenbildnerin. Wie lebt es sich als Hoteliers?

Vor acht Jahren haben wir unser kleines Hotel eröffnet und mittlerweile ist es Routine. Der Anfang war natürlich ein Kraftakt. Das kleine Schwarze war früher ein „normaler" Gelbklinkerbau, so wie die benachbarten Häuser heute noch. Das Haus ist Baujahr 1955 und wir wollten die typischen Bauhauselemente wie die Balkone und die Geländer unbedingt beibehalten. Trotzdem haben wir das ganze Haus entkernt, um es energetisch nachhaltig auszubauen. Alle Strom- und Wasserleitungen raus; Stürze raus; Türen und Fenster ersetzt und erst mal ein halbes Jahr renoviert.

Wann hast du begonnen, dein Wirken im Sinne der Nachhaltigkeit auszurichten?

In der Werbung habe ich für Banken, Zigarettenkonzerne, Automobilfirmen und Mineralölunternehmen gearbeitet. Die Erkenntnis war ein natürlicher Prozess und in meinen Vierzigern habe ich mich entschlossen, mich selbstständig zu machen und für nachhaltige Unternehmen zu arbeiten: aus dem Bereich Photovoltaik, für Bio-Limonaden und auch öffentliche Projekte im Bereich Bildung. Als nächsten Schritt habe ich mich dann in ein neues Feld gewagt und wir haben nach dem Konzept der Nachhaltigkeit begonnen, dieses sehr besondere Hotel zu renovieren.

Euer schwarzes Haus ist ziemlich auffällig. Wie verändert ihr die Nachbarschaft?

Natürlich tragen wir mit unseren neu renovierten Häusern zur Gentrifizierung bei. Das sehe ich allerdings nicht nur negativ, sondern es leistet auch einen wichtigen gesellschaftlichen Beitrag hinsichtlich Bildung und Weiterentwicklung. Eimsbüttel ist der kinderreichste Stadtteil Hamburgs und die Kinder wachsen hier in einem ganz neuen wiederentdeckten Bewusstsein auf, das auch die Gentrifizierung ermöglicht hat. Die fantastische *Bio-Bäckerei Eichel*, die *Metzgerei Jacob* und zahlreiche Bio-Läden liegen hier ums Eck. Und auch mit unserem Haus möchten wir das fördern. Wir möchten, dass Menschen in unserem Hotel dieses Konzept für sich entdecken und selbst leben können. Unsere Ausstellungen im Haus sollen das ebenfalls fördern und den Austausch im Viertel anregen.

Unser Hotel soll den Austausch
im Viertel anregen.

Marianus von Hörsten

KOCH · GASTGEBER
@restaurant_klinker · restaurant-klinker.de

Wie beeinflusst dich der elterliche Bio-Hof in Wörme in deinem heutigen Wirken?

Man muss nicht von einem Bio-Hof kommen, um zu erkennen, dass unser Umgang mit Lebensmitteln nicht richtig ist. Wir haben eine Verantwortung als Köche gegenüber Lebensmitteln und Tieren und denen, die sie erzeugen, aufziehen oder erlegen. Das wird durch diesen Background noch deutlicher.

Seit wann ist Hamburg deine Heimat und in welchem Stadtteil lebst du?

Ich bin wegen meiner Meisterfortbildung 2016 in die Stadt gekommen. Hamburg ist nicht so durchgedreht wie Berlin – etwas ruhiger, manchmal auch langweilig, insbesondere was die Gastronomie angeht. Aber daher auch perfekt, um hier mit unserem neuen Restaurant Klinker zu starten. Ich lebe derzeit in der Neustadt in einer Hinterhof-WG in einem homogenen Hausgefüge. Jeder kennt sich, das finde ich geil. Es gibt ein Sommerfest und es ist ein wenig Dorf in der Stadt.

Welches Konzept verfolgt ihr mit eurem neuen Restaurant Klinker?

Die Idee ist nur Kleinigkeiten anzubieten, von denen man dann etwa zwei bis drei Speisen isst und wenn man eine große Runde mitbringt, kann man die ganze Karte rauf und runter essen. Dazu gibt's ne ausgewählte Weinkarte, welche nicht riesig ist, aber dafür sehr pointiert. Wir achten bei den Produkten darauf, dass jeder in der Produktionskette fair behandelt und belohnt wird – vom Landwirt bis zur Servicekraft. Regionalität und Saisonalität sollten dabei selbstverständlich und nicht erwähnenswert sein. Also eine Tomate wird's bei uns im Winter nur dann geben, wenn wir sie im Sommer eingemacht haben. Das Wichtigste ist mir immer offen für Neues zu sein, denn in der Küche heißt es: „Der Tellerrand gehört dem Gast" und die wenigsten Köche schauen über ihn hinaus.

Was bedeutet für dich persönlich Glücklich-Sein?

Das zu tun, was mir Spaß macht und es zu lassen, wenn es keinen Spaß mehr macht! Nichts tun müssen, sondern wollen!

Hamburg ist perfekt für mich,
um ein Restaurant zu starten.

Manuela Gehrmann

GASTRONOMIN
kajuetesb12.de · pontonopnbulln.de

Du hattest früher eine eigene Bar auf der Reeperbahn? Wie war das „damals"?

Ich habe in den 90ern die Bar Baluga schräg gegenüber von der großen Freiheit aufgemacht. Zu der Zeit hat sich die ganze Szene dort neu erfunden. Das waren die Anfänge vom Kiez, wie wir ihn heute kennen. Viele haben sich gar nicht auf die Reeperbahn getraut, das war noch sehr zwielichtig. Heute ist es eine Touristenattraktion. Auch eine damals total neue Musik ist aufgekommen – die du heute allerdings sogar im Supermarkt hörst. Damals kannte das jedoch noch keiner und die erste Love Parade war gerade erst 1989. Ich erinnere mich auch gut, wie Corny Littmann und Thomas Hermanns bei mir an der Theke saßen. Die haben ja zur gleichen Zeit angefangen (Anmerkung: Gründung Schmidts Tivoli Theater 1988). Damals haben wir uns unter seiner Idee nicht viel vorstellen können und heute kennt Thomas Hermanns jeder (Quatsch Comedy Club gegründet 1992). Solche völlig neuen Häuser haben den Kiez total belebt und salonfähig gemacht.

Was macht Blankenese für dich aus?

Als ich nach gefühlt 100 Jahren von St. Georg nach Blankenese gekommen bin,

da dachte ich: Hier wohnen doch nur Leute über 80! Das ist natürlich totaler Quatsch. Blankenese bewahrt sich dieses schöne dörfliche Miteinander und das macht es sehr lebenswert. Der Zusammenhalt gilt auch den neu Dazugezogenen wie mir, die hier toll empfangen werden. Unser alljährliches Laternelaufen vom Ponton bis zur Kajüte den Strand entlang bringt das auch schön zum Ausdruck. Es ist eben überhaupt nicht so exklusiv, wie viele meinen. Im Gegenteil. Und für Familien ist es hier natürlich ein Traum.

Hast du einen besonderen Lieblingstipp für Blankenese?

Nehmt unbedingt vom Ponton die Fähre ins *Alte Land*. Da gibt es das urtypische *Gasthaus zur Post*, das ist mein Favorit. Wir fahren zur Stinte-Zeit gern rüber, aber auch zur Kirschblüte ist es besonders schön. Das Wirtshaus wird von einem sehr liebenswerten Ehepaar geführt (Anmerkung: Stinte sind in den 90er-Jahren aus der Elbe vollständig verschwunden. Erst mit besser werdender Wasserqualität kehren die Fische zurück und dürfen ab Februar für kurze Zeit gefischt werden. Sie gelten daher als besondere Delikatesse.)

Gemeinsam mit Geschäftspartnerin Britta Hiemer führe ich seit 16 Jahren die beiden Blankeneser Institutionen Kajüte und das Ponton Opn Bulln.

Arne Platzbecker

POLITIKER

Du kommst ursprünglich aus Dresden. Warum hast du dich für Hamburg als neue Heimat entschieden?

Die Freiheit dieser Stadt ist nicht nur sprichwörtlich, sondern sie kann auch gelebt werden. Im Zuge meines Coming-Outs mit 18 Jahren wollte ich frei sein und dieses Gefühl hat mir Hamburg vom ersten Tag an vermittelt. Seit 20 Jahren lebe ich auf St. Pauli, dem Stadtteil, der dieses Freiheits- und Lebensgefühl wohl am stärksten in seine DNA aufgenommen hat. St. Pauli ist aber nicht nur ein sehr lebendiger Stadtteil, sondern auch einer, in dem man sich noch kennt, grüßt und hilft. Das ist wirklich faszinierend in einer Großstadt wie Hamburg.

Wann und wieso bist du in die Politik gegangen?

In die Politik bin ich gegangen, um tatsächlich politisch diskutieren zu können. In meinem näheren Umfeld war das Interesse daran damals gering und fast jede politische Diskussion wurde abgeblockt. Ich habe einfach Gleichgesinnte gesucht. Bürgermeister Henning Voscherau hat mich dann 1991 überzeugt, dass die SPD die richtige Partei für mich ist. Nun bin ich seit mehr als 25 Jahren Mitglied und viele Jahre davon habe ich mit dem Kampf für Gleichstellung von Lesben und Schwulen verbracht.

So habe ich den Antrag zur Öffnung der Ehe beim Bundesparteitag mit eingebracht und verteidigt. Der Tag, als die Abgeordneten des Bundestages für die Öffnung der Ehe abstimmten, war einer der schönsten meines Lebens und hat gezeigt, dass politischer Einsatz wichtig ist und sich lohnt.

Wo hast du deinen Partner kennengelernt? Seid ihr verheiratet?

Mein Mann und ich haben uns tatsächlich noch klassisch in einer Bar in Berlin kennengelernt und uns nach drei Jahren Pendeln zwischen Hamburg und Berlin für Hamburg entschieden. Wir haben 2006 die Lebenspartnerschaft eintragen lassen und werden sicherlich in den nächsten Jahren noch einmal klassisch heiraten.

Was bedeutet für dich persönlich glücklich zu sein?

Glücklich zu sein bedeutet für mich, mit meinem Mann und Freunden auf unserem Balkon zu sitzen, auf den Kirchgarten der St. Pauli Kirche zu blicken und die Ruhe zu genießen. Dies jedoch immer in der Gewissheit, dass sofort vor der Haustür das Leben pulsiert.

Im Zuge meines Coming-Outs mit 18 Jahren
wollte ich frei sein und dieses Gefühl hat mir
Hamburg vom ersten Tag an vermittelt.

Mark & Sabrina Booch

CAFÉ-PIONIERE · LOVEBIRDS
ersteliebebar.de

Was macht ihr beruflich und wie habt ihr euch kennengelernt?

Wir sind beide absolute Vollblut-Gastronomen. Schon während unserer Schulzeit haben wir gekellnert und wollten nie etwas anderes machen. Mark gehört seit mehr als zwölf Jahren das Café Erste Liebe Bar. Ich bin dann vor zehn Jahren zufällig in die Bar gestolpert und so begann unsere große Liebe in der Ersten Liebe … Seither gibt es uns nur noch im Doppelpack, seit drei Jahren als Ehepaar. Wir leben unseren Beruf mit absoluter Leidenschaft und Perfektion. Wer zu uns in die Bar kommt, dem möchten wir das Gefühl des Angekommenseins vermitteln. Daher gibt es bei uns bewusst kein Wi-Fi und keine Büro-Atmosphäre: Wir finden es toll sich zu begegnen und sich während des Frühstücks in die Augen zu schauen statt aufs Smartphone.

In welchem Hamburger Stadtteil gefällt es euch am besten?

Für uns ist Eppendorf eines der schönsten Viertel. Es ist zwar ein bisschen Schickimicki, aber eben auch wunderschön. Man kennt seinen Bäcker und den Metzger und es ist weniger anonym als in der Innenstadt. Am besten fährt man mit der Linie U3 und steigt am Eppendorfer Baum aus. Hier landet man direkt vor der köstlichen *kleinen Crêperie* von Dennis. Direkt hier beginnt auch der schönste und längste Wochenmarkt Deutschlands, der *Isemarkt* (Di + Fr), den man bei jeder Wetterlage besuchen kann, da er unter der U-Bahn-Brücke stattfindet. Es gibt viele kleine, lokale Geschäfte in Eppendorf, in denen man stundenlang stöbern und bummeln kann. Meine liebsten Stationen sind *My perfect sunday*, *Hello Love*, *vau und vau ntrr* für *interio*, *Tessa Petzoldt Blumentochter*, *Das 7. Zimmer*, *Schoko Vida* und die *Parfümerie Meister*.

Was muss man in Hamburg mal gemacht haben?

Nehmt zwei Euro und steckt sie in die Musikbox im alten *Zum Silbersack* auf der Reeperbahn. Bestellt euch ein Astra und wählt den Song ICH LIEBE DAS LEBEN von Vicky Leandros. Genießt den Moment.

Was bedeutet für euch Glücklich-Sein?

Uns zu haben. Two is a gang.

die **erste liebe** vergisst man nicht

Hamburg ist unsere Heimat, unser Zuhause. Hier haben wir uns kennen und lieben gelernt. Für uns ist es die schönste Stadt der Welt, ob bei Schietwetter oder Sonnenschein.

Alexandra Friese

HAMBURGER DIRN · MODEUNTERNEHMERIN
thomasipunkt.de · @entenwerder1

Gemeinsam als Familie führt ihr „Thomas I Punkt" und euer neues Café Entenwerder mitten auf der Elbe in Rothenburgsort. Wie ist es dazu gekommen?

Ich selbst bin ein 60er-Jahre Kind und das älteste von uns sieben Geschwistern, die wir heute alle mehr oder weniger in unserem Unternehmen arbeiten – Weihnachten ist bei uns wie bei Loriot (*lacht). Mein Vater selbst hat ursprünglich Dekorateur gelernt und sich das alles ausgedacht. Er ist bis heute der Visionär, der auch die Idee für das Entenwerder hatte – nämlich die Idee, ein Café mitten auf die Elbe zu setzen und damit den Stadtteil Rothenburgsort zu erweitern.

Dein Vater ist leidenschaftlicher Segler und ist mit der „Thomas I Punkt" weltweit Regatten gesegelt. Bist du auch viel auf dem Wasser?

Ich selbst gar nicht, aber mein jüngster Bruder ist für den Olympiastützpunkt viel unterwegs. Er und mein Vater wollen gerade wieder nach Japan und Neuseeland zu Regatten. Ich habe früher das Management gemacht. Der Americas Cup war damals wie Mini-Formel 1 und auch heute assoziieren noch viele Leute den Namen „Thomas I Punkt" mit unserer damaligen Segelyacht.

Wie ist man als Modegeschäft ohne Online-Shop über 30 Jahre lang so erfolgreich?

Wichtig war dabei die anfängliche Entscheidung, mit OMEN ein eigenes Label für verschiedenste Konfektionen zu gründen. Heute haben wir daher unser Atelier und unsere eigene Strickerei in Rothenburgsort. Wir wissen somit viel über die verwendeten Rohstoffe: die Herkunft des Garns, wer es geschneidert hat und wer als Weber zuständig war. Eine solch lokale Produktion war nie der Masterplan, aber es hat sich auf eine ganz natürliche Weise dahin entwickelt und ist heute wichtiger Teil unseres Erfolges.

Was ist euer Geheimnis als Familie?

Wir stehen uns als Familie sehr nah und von uns sieben Geschwistern arbeiten heute alle irgendwie im Unternehmen. Konflikte gehören zu jeder Beziehung dazu. Mein Vater hatte daher schon immer ein wichtiges Credo in unserer Erziehung: „Hosen runter, Karten auf'n Tisch!".

Das mag ein bisschen abgelatscht klingen,
aber Hamburg bietet so viel! Wenn ich nicht aus
Hamburg käme und zum ersten Mal
die Stadt sehen würde – ich würde
sofort hier leben wollen.

Luise Wagner

BIOLOGIN · FILMREGISSEURIN

Seit wann lebst du hier?

Ich habe damals für die Wissenschaftsredaktion beim Stern gearbeitet und bin im Zuge dessen 1997 hergezogen. Früher haben wir im Elbvorort Rissen gewohnt, heute wohne ich in Eppendorf.

Was bedeutet dir dein Beruf?

Als Regisseurin habe ich das große Privileg, immer wieder neue, interessante Menschen auf der ganzen Welt kennenzulernen und außergewöhnliche Orte zu besuchen, die einem sonst verschlossen sind.

Was macht Hamburg für dich zu deiner innig geliebten Heimatstadt?

Es ist für mich das größte Glück, nach einer Reise zurück nach Hamburg und in mein Zuhause zu kommen. Ich liebe es ganz besonders, mit meinen Enkelsöhnen im Kanu auf den *Alsterkanälen* zu schippern, im schönen *Holthusenbad* zu schwimmen, ein Eis im *Eis & innig* zu genießen und die Stadt mit ihren Kinderaugen neu zu entdecken. Wenn ich mit dem Rad um die *Alster* fahre, bin ich oft einfach dankbar, in dieser Stadt leben zu dürfen. Meine kulturellen Lieblingsorte: das *Thalia-Theater*, die *Deich-* *torhallen*, das *Abaton-Kino* und natürlich die *Elbphilharmonie*.

Was bedeutet für dich Glücklichsein?

Was es heißt, glücklich und geborgen zu sein, habe ich auch durch zwei junge Afghanen gelernt, die hier einen neuen Heimathafen gefunden haben und die ich dabei begleiten durfte. Anfangs wollten sie die Stadt keinen Schritt mehr verlassen. Doch sie hat ihnen die Sicherheit gegeben, sich wieder weiter raus in die Welt zu wagen. Glücklichsein bedeutet für mich, mit sich selbst im Reinen zu sein, für Familie und Freunde da zu sein und alles Schöne teilen zu können.

Was schätzt du an den Hamburgern?

Als gebürtige Ostfriesin liebe ich das mir so vertraute "Moin". Für mich sind sie weltoffen und traditionsbewusst, distanziert und vertraut wie das hanseatische Sie. Wetterfest und auch wenn im Winter die Sonne scheint im Cabrio unterwegs.

Wenn du eine Sache in Hamburg ändern könntest, was wäre das?

Mein Wunsch wäre es, aus Hamburg eine der klimafreundlichsten, grünsten und kinderliebendsten Städte in Europa zu machen.

Mein Wunsch wäre es, aus Hamburg eine der klimafreundlichsten, grünsten und kinderliebendsten Städte in Europa zu machen.

„Wer in Hamburg ankommt, hat ein Zuhause fürs Leben."

– *Giovanni di Lorenzo*

4. Kultur

Hamburg hat seine Ursprünge in der im 8. Jh. errichteten Hammaburg. Erst ab dem 12. Jh. entwickelte sich aus der kleinen Siedlung ein Handelszentrum, das mit der Entstehung der Hanse im 14. Jh zu großem Wohlstand kam. Damit war der Grundstein für die reiche Kultur der Stadt gelegt. Jedoch war das Erscheinungsbild der Stadt bis zum Großbrand von 1842 noch das einer mittelalterlichen Siedlung. Erst danach wurde Hamburg als moderne, elegante Stadt im Stil des Klassizismus und der Neorenaissance entworfen. So entstanden bald das prunkvolle Rathaus (1897) und die berühmte Hamburger Speicherstadt (1883). Der Wohlstand durch den Hafen und der Mut und die Kreativität, Neues zu gestalten, prägen diese Stadt noch heute.

CITY

HAFENCITY

1. Deichtorhallen
Deichtorstraße 1 •
deichtorhallen.de

2. Michel
Englische Planke 1 •
st-michaelis.de

3. Kunstverein Hamburg
Klosterwall 23 •
kunstverein.de

4. Bucerius Kunst Forum
Alter Wall 12 •
buceriuskunstforum.de

5. Museum für Kunst und
Gewerbe Hamburg
Steintorplatz •
mkg-hamburg.de

6. Brahms Museum
Peterstraße 39 •
brahms-hamburg.de

7. Feinkunst Krüger
Kohlhöfen 8 •
feinkunst-krueger.de

8. Hamburger Kunsthalle
Glockengießerwall •
hamburger-kunsthalle.de

9. Raum linksrechts
Valentinskamp 37 •
raumlinksrechts.com

10. Gängeviertel
Valentinskamp 37 •
das-gaengeviertel.info

11. Planten un Blomen mit
Schaugewächshäusern
Marseiller Str. •
plantenunblomen.hamburg.de

12. Marco-Polo-Terrass

13. Elbphilharmonie
Platz der Deutschen Einheit
elbphilharmonie.de

14. Harrys Hamburge
Hafenbasar
Am Sandtorkai 66 • hafenbasa

15. HafenCity Viewpoi
Grandeswerderstraße

PEICHERSTADT	ST. PAULI, SCHANZE, ALTONA	VORORTE
Speicherstadtmuseum *Am Sandtorkai 36 •* *peicherstadtmuseum.de*	**20. Sankt Pauli Museum** *Davidstraße 17 •* *sankt-pauli-museum.de*	**28. Loki Schmidt Garten** *Ohnhorststraße*
7. Maritimes Museum *Koreastraße 1 •* *imm-hamburg.de*	**21. Museum für Hamburgische Geschichte** *Holstenwall 24 • shmh.de*	**29. Jenischhaus** *Baron-Voght-Straße 50 • shmh.de*
Miniatur Wunderland *Kehrwieder 2–4 •* *miniatur-wunderland.de*	**22. Affenfaust Galerie** *Paul-Roosen-Straße 43 •* *affenfaustgalerie.de*	**30. Blankeneser Treppenviertel** *Sagebiels Weg*
Deutsches Zollmuseum *ter Wandrahm 16 • zoll.de*	**23. FC St. Pauli, Millerntorstadion** *Harald-Stender-Platz 1 •* *fcstpauli.com*	**31. Schiffsbegrüßungs- anlage Willkomm-Höft** *Parnaßstraße 29 •* *schulauer-faehrhaus.de*
	24. Landungsbrücken *St. Pauli 1*	**32. Bunthäuser Spitze** *Wilhelmsburg*
	25. Museumshafen Övelgönne e. V. *Fähranleger Neumühlen •* *museumshafen-oevelgoenne.de*	**33. Elbinsel Kaltehofe** *Kaltehofe-Hauptdeich 6–7 •* *wasserkunst-hamburg.de*
	26. U3 Baumwall	**34. Sammlung Falckenberg** *Wilstorfer Str. 71 •* *sammlung-falckenberg.de*
	27. Park Fiction	

IMMER EINEN BESUCH WERT:

Deichtorhallen

Deichtorstraße 1

1. DEICHTORHALLEN

CITY • Deichtorstraße 1 • deichtorhallen.de

1911 erbaut, gehören diese Hallen mit ihrer offenen Stahl-Glas-Architektur zu den größten Ausstellungshäusern Europas. Hier findet ihr zeitgenössische Kunst und beeindruckende Fotografie-Ausstellungen. Die angebotenen Führungen geben aufschlussreiche Infos zu den Exponaten. Ein Besuch lässt sich optimal mit einem Lunch im Daruma oder in der Oberhafen-Kantine verbinden. Auch der Möbelladen von Johanna Schulz ist nicht mehr weit.

2. MICHEL

CITY • Englische Planke 1 • st-michaelis.de

Er ist 132,14 Meter hoch, wurde bereits dreimal wiederaufgebaut und ist eines der wichtigsten Wahrzeichen Hamburgs: der Michel, genauer gesagt, die evangelische Sankt Michaelis Barock-Kirche in der südlichen Neustadt. Wer den wunderschönen Blick über die Dächer und den Hafen genießen will, sollte hier unbedingt den Kirchturm zu Fuß erklimmen – oder mit dem Aufzug erobern.

6. BRAHMS MUSEUM

CITY • Peterstraße 39 • brahms-hamburg.de

Ein echter Hamburger Jung: Johannes Brahms wurde 1833 im Gängeviertel geboren. Nicht weit von seinem damaligen Geburtshaus entfernt steht heute das Museum, das sein Leben und seine Werke dokumentiert. Musikalien, Schriftstücke, Konzertprogramme, Brahmsiana, Fotos und sein original Tafelklavier bringen den Geist dieses außergewöhnlichen Pianisten und Komponisten näher. Hier findet ihr ein Stück klassische Musikgeschichte.

10. GÄNGEVIERTEL

CITY • Valentinskamp 37 • das-gaengeviertel.info

Galerien, Ateliers, Konzerträume und Werkstätten, all das konzentriert sich im vielseitigen Gängeviertel. Das kreative Flair macht diesen Ort zu etwas ganz Besonderem. Hier findet kulturell-gesellschaftlicher Austausch statt. Besonders empfehlen wir die Galerie Raum linksrechts, eine Offspace-Ausstellungsplattform für junge Kunst. Sie besteht aus einem weißen und einem schwarzen Raum und lädt Künstler und Besucher zum kontroversen Dialog ein. Hingehen und mitreden!

13. ELBPHILHARMONIE

HAFENCITY • Platz der Deutschen Einheit 1 • elbphilharmonie.de

Ein neues Wahrzeichen thront über der Stadt: die Elphi. Jedes Mal überrascht uns Größe und Erscheinung des mutigen Projektes, das hier zwischen 2007 und 2016 erbaut wurde. Die geplanten Kosten von 77 Millionen Euro wurden mit tatsächlichen 789 Millionen Euro weit übertroffen und sorgten für heftige

18.

Kritik. Nun, da sie fertiggestellt wurde, ist der Ärger verflogen und die Liebe und Begeisterung über die Architektur ist vorherrschend. Wer nicht in den Genuss eines Konzertes kommt, der kann jedoch den atemberaubenden Blick von der Plaza erleben und ein Gefühl für die Größe dieses 110 Meter hohen Konzerthauses bekommen. Konzert-Tickets gibt es online im Vorverkauf und teils per Losverfahren wegen der hohen Nachfragen. Der Besuch der Plaza ist hingegen kostenlos, wer Wartezeit vermeiden will, bucht jedoch vorher online für ein definiertes Zeitfenster.

17. MARITIMES MUSEUM

SPEICHERSTADT • Koreastraße 1 •
imm-hamburg.de

Die meisten Schiffe in Hamburg sieht man nicht im Hafen, sondern in der Speicherstadt. Genauer gesagt im Kaispeicher B, dem ältesten Speicher aus dem Jahr 1878. Über 50.000 Schiffe aus dem 20. Jahrhundert gibt es hier zu begutachten. Natürlich nicht in Originalgröße, viele im Miniatur-Maßstab 1 : 1250. Das Museum entstand aus der umfangreichen Privatsammlung Peter Tamms und dürfte mit seinen Schifffahrts-Gemälden und Fotografien alle maritimen Herzen höherschlagen lassen.

18. MINIATUR WUNDERLAND

SPEICHERSTADT • Kehrwieder 2–4 •
miniatur-wunderland.de

Für Kinder und Erwachsene gleichermaßen sind die Miniaturszenen der größten Modelleisenbahnanlage der Welt entzückend und faszinierend. Auf 1499 m² eröffnet sich einem eine Welt mit Seen, Bergen, Volksfesten und natürlich jeder Menge digital gesteuerten Zügen – mehr als 1000! Alles ist 90 fach kleiner als gewohnt. Tipp: Wer Wartezeit vermeiden will, bucht vorher online sein Ticket.

23. MILLERNTORSTADION

STERNSCHANZE • Harald-Stender-Platz 1 •
fcstpauli.com

Wir müssen es gestehen: wir sind keine großen Fußballfans. Und trotzdem lieben wir die Spiele des FC St. Pauli im Millerntorstadion. Vorher gehen wir auf dem Kiez was trinken und dann begeistert den FC anfeuern! Ich erinnere mich noch an Spiele, bei denen man so nah am Feld stand, dass die Spieler sich umdrehten, wenn du ihnen zugerufen hast. Ein sensationelles kulturelles und sportliches Ereignis! Auch nach dem Umbau des Kult-Stadions.

In dem Moment, wenn ich mit dem Zug in Hamburg einfahre — vom Hauptbahnhof über die Alster, links der Jungfernstieg, rechts die Außenalster — da geht immer mein Herz auf.

– Jan Delay

24. LANDUNGSBRÜCKEN

ALTONA • *St. Pauli 1*

Leinen los! Von den Landungsbrücken fährt man am besten mit der Fähre 62 entweder in Richtung Hafencity oder nach Westen in die Hamburger Elbvororte. So oder so ist der Ausblick fantastisch und die Fahrt ein Erlebnis. Alternativ kann man hier auch zu den berüchtigten Hafenrundfahrten aufbrechen und sich die charmanten Hafen-Geschichten mit friesischem Akzent anhören. Wer mit dem Fahrrad unterwegs ist, sollte eine Runde durch den Alten Elbtunnel fahren, der 1911 erbaut und nun liebevoll restauriert wurde. Super Fischbrötchen gibt's übrigens bei Brücke 10.

25. MUSEUMSHAFEN ÖVELGÖNNE

ALTONA • *Fähranleger Neumühlen* • *museumshafen-oevelgoenne.de*

Ab auf die Fähre 62 nach Finkenwerder! Sie bringt euch von den Landungsbrücken zu einem der malerischsten Orte Hamburgs: nach Övelgönne zum Museumshafen. Hier liegen alte Traditionsschiffe und historische Boote wie das Ewerboot Klein Erna oder Dampfschlepper Woltman. Keine 500 Meter entfernt beginnt auch schon der Elbstrand. Also, einfach Schuhe aus und im Sand laufen oder die Elbchaussee bis nach Teufelsbrück hochspazieren.

27. PARK FICTION

ST. PAULI

Kein Park wie jeder andere: Park Fiction ist ursprünglich ein künstlerisches und gesellschaftspolitisches Projekt – die Anwohner haben sich in den 90er-Jahren gegen die weitere Wohnbebauung des Viertels gewehrt. Zwischen Kunstpalmen und Skaterampen hat man direkten Blick auf den Hafen und das große Blohm + Voss Dock. Hier kann man auf den Rasenflächen herrlich picknicken, Basketball spielen oder einfach Muße tun. Wenige Meter weiter liegt zudem das coole Szene-Restaurant Salt & Silver. Alternativ kann man von hier auch an der Fischauktionshalle vorbei bis zur Großen Elbstraße spazieren und dort das beste Fischbrötchen der Stadt essen.

28. LOKI SCHMIDT GARTEN

KLEIN-FLOTTBEK • *Ohnhorststraße*

Der Garten nimmt seine Besucher mit auf eine botanische Weltreise: Läuft man entgegen des Uhrzeigersinns, gelangt man von Nutzpflanzen zu Giftpflanzen, Wüsten-, Rosen- und Gesteinsgärten bis hin zu Bäumen und anderen Gewächsen aus Süd- und Nordamerika. Der nördliche Bogen führt durch japanische und chinesische Gärten, der südliche durch die Waldarten Europas. Besonderes Highlight sind die Glaspyramide und das kubische Loki Schmidt Haus.

29.

33.

34.

29. JENISCHPARK

OTHMARSCHEN • Baron-Voght-Straße 50 •
shmh.de

Der Jenischpark hat viel zu bieten: drei spannende Museen, einen tollen Blick auf die Elbe und grüne Vielfalt zum Picknicken oder zum Spazieren im Botanischen Garten. Im Jenischhaus ist neben dem Museum auch ein idyllisches kleines Café untergebracht. Den Park erreicht ihr am besten vom Fähranleger Teufelsbrück, dann immer rauf den Hügel. Danach zum Lunch bietet sich das Restaurant Quellental ganz in der Nähe an.

31. SCHIFFSBEGRÜSSUNGS-ANLAGE WILLKOMM-HÖFT

WEDEL • Parnaßstraße 29 •
schulauer-faehrhaus.de

Eine ordentliche Begrüßung gehört in Hamburg zum guten Ton – im wahrsten Sinne des Wortes. An der Schiffsbegrüßungsanlage werden seit 1952 einlaufende Schiffe mit ihren Nationalhymnen begrüßt und verabschiedet. Wer keinen eigenen Dampfer hat und das trotzdem miterleben will, sollte sich im Schulauer-Fährhaus einen Tisch reservieren: die Begrüßungskapitäne erklären via Lautsprecher alles über die ein- und ausfahrenden Schiffe.

33. WASSERKUNST ELBINSEL KALTEHOFE

ROTHENBURGSORT • Kaltehofe-
Hauptdeich 6–7 • wasserkunst-hamburg.de

Industriedenkmal, Museum und Naturpark in einem – die Elbinsel Kaltehofe bietet nicht nur vielfältige Natur, sondern auch eine spannende Architektur, die sich auf dem Gelände des früheren Wasserwerks befindet, das hier knappe 100 Jahre stand. Danach gibt es einen Tee im Café der historischen Villa. Zur Elbinsel ist es eine kleine Reise. Die lässt sich aber wunderbar mit einem Stopp im Café Entenwerder und am Abend mit einem Dinner im Restaurant 100/200 in Rothenburgsort verbinden.

34. SAMMLUNG FALCKENBERG

HARBURG • Wilstorfer Str. 71 •
sammlung-falckenberg.de

2007 erwarb Harald Falckenberg das heutige Ausstellungsgebäude und ließ es durch den Architekten Roger Bundschuh aufwändig umgestalten. Das Gebäude an sich ist schon erlebenswert, doch zudem sind hier etwa 2.000 Werke der zeitgenössischen Kunst ausgestellt. Mehrfach international ausgezeichnet, zeigt sie hauptsächlich Counter Culture, die nach dem Zweiten Weltkrieg als Aufstand gegen die Eliten und das Kunstestablishment entstanden ist. Absolut sehenswert. Vorher unbedingt die sehr begrenzten Öffnungszeiten und Führungen berücksichtigen!

Kino

Theater

47.

47.

40. MAGAZIN FILMKUNSTTHEATER

WINTERHUDE • Fiefstücken 8a • magazinfilmkunst.de

41. THALIA THEATER

CITY • Alstertor • thalia-theater.de

42. ST. PAULI THEATER

ST. PAULI • Spielbudenpl. 29 • st-pauli-theater.de

43. SCHMIDT TIVOLI

ST. PAULI • Spielbudenpl. 21 • tivoli.de

44. IMPERIAL THEATER

ST. PAULI • Reeperbahn 5 • imperial-theater.de

45. QUATSCH COMEDY CLUB

ST. PAULI • Stresemannstraße 163 • quatschcomedyclub.de

46. HAMBURGER KAMMEROPER

ALTONA • Max-Brauer-Allee 76 • alleetheater.de

47. KAMPNAGEL

WINTERHUDE • Jarrestraße 20 • kampnagel.de

48. THEATERSCHIFF BATAVIA

WEDEL • Brooksdamm • batavia-wedel.de

49. DEUTSCHES SCHAUSPIEL-HAUS

ST. GEORG • Kirchenallee 39 • schauspiel-haus.de

48.

Bootsfahrten

50. ELBSEGELEI

CITY • Vorsetzen • elbsegelei.de •
0179 1 124 599

Holger war im früheren Leben Musiker und hat sein
Segel-Hobby nun zum Beruf gemacht. Großes Glück
für uns, denn er bietet die vermutlich einzigartigste
Hafenrundfahrt an: der Törn beginnt entweder direkt
an der Elbphilharmonie und führt vorbei am Hamburger Hafen nach Blankenese oder man startet in
Wedel und schippert hinaus Richtung Nordsee. Jeder
Törn ist prinzipiell auch zum Sonnenuntergang
möglich, dazu einfach frühzeitig bei Holger anmelden.

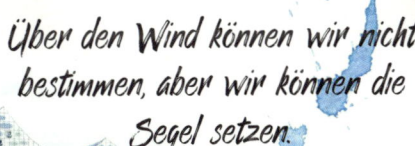

*Über den Wind können wir nicht
bestimmen, aber wir können die
Segel setzen.*

57.

Bootsfahrten

51. BARKASSEN-MEYER

CITY • *Bei den St. Pauli-Landungsbrücken 6* •
barkassen-meyer.de

52. BODO'S BOOTSSTEG BOOTSVERLEIH

EIMSBÜTTEL • *Harvestehuder Weg 1b* •
bodosbootssteg.de

53. FÄHRE 72

Landungsbrücke Richtung Elphi

54. FÄHRE 62

Landungsbrücke Richtung Blankenese

IN SUMMER WE TRUST

55. BOOTSVERMIETUNG DORNHEIM
WINTERHUDE • Kaemmererufer 25 • zur-gondel.de

56. SPEISEKAI RESTAURANT & EVENTS
EPPENDORF • Isekai 12 • speisekai.de

57. SUP LEGION
WINTERHUDE • Körnerstraße 1 • sup-legion.com

58. SUPPER CLUB
EPPENDORF • Isekai 13 • supperclub.de

67.

59. GASTHOF ZUR POST

CRANZ • *Estedeich 88* • *gasthaus-zur-post-cranz.de* •
040 7 459 409

60. ALTER SCHWEDE

OTHMARSCHEN • *Hans-Leip-Ufer*

61. ELBSTRAND WITTENBERGEN

RISSEN • *Rissener Ufer*

62. NATURBAD STADTPARKSEE

WINTERHUDE • *Südring 5b* • *baederland.de* •
040 188 890

63. BÄDERLAND

FINKENWERDER • *Finksweg 82* • *baederland.de* •
040 188 890

63.

64. GUT WULKSFELDE

TANGSTEDT • *Wulksfelder Damm 15* •
gut-wulksfelde.de •

65. STADTPARK TRINKHALLE

WINTERHUDE • *Südring 1* •
trinkhalle-hamburg.de • *01515 2 701 492*

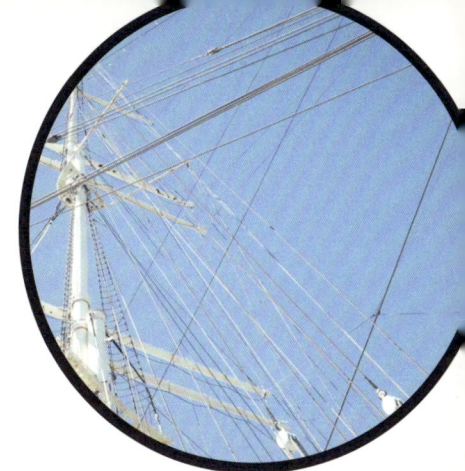

Ausflüge

66. FALKENSTEINER UFER
RISSEN

67. ALTONAER BALKON
ALTONA • *Klopstockterrasse*

68. DUVENSTEDTER BROOKHUS (NABU)
Triftweg 140 • hamburg.nabu.de • 040 6 072 466

63.

5. Essen & Trinken

„Die Kultur hängt von der Kochkunst ab."
– Oscar Wilde

Vom allerbesten Fischbrötchen in der großen Elbstraße bis hin zu den neuesten Szenelokalen auf St. Pauli und dem besten veganen Burger: Auf den folgenden Seiten findet ihr unsere kulinarischen Lieblinge – jeder in eine ganz eigene Geschichte gefasst. Gutes Essen ist mehr als der Geschmack, es geht auch um die Geschichten der verwendeten Produkte, die Menschen dahinter und die gelebte Philosophie. Hamburg bietet in dieser Hinsicht eine vielfältige Landkarte von jung kreativ bis meisterlich traditionell. Zu jeder Tageszeit und für jedes Viertel gibt es ganz unterschiedliche Perlen zu entdecken und schmecken.

69. THE TABLE

HAFENCITY • *Shanghaiallee 15* • *thetable-hamburg.de* • *040 22 867 422*

Inhaber Kevin Fehling ist ein Drei-Sterne-Koch, der mit Pioniergeist und Mut das neue kulinarische Highlight in Hamburg erschaffen hat. Der Name beschreibt das Offensichtliche an dem radikalen Konzept: das Gourmet-Erlebnis erfolgt auf einem Barstuhl an einer langen Theke. Das Interieur ist dabei ebenso futuristisch wie neu, bietet jedoch die nötige Gemütlichkeit, um sich dem exklusiven Hochgenuss hinzugeben. Das Kochen wird hier zur überraschenden und meisterlichen Kunstform erhoben. Reservierungen bis zu drei Monate im Voraus sind möglich. Manchmal gibt es spontan einen Platz online zu buchen. Das Menü liegt bei etwa 200 Euro.

70. PHILIPPS RESTAURANT

KAROVIERTEL • *Turnerstraße 9 • philipps-restaurant.de • 040 63 735 108*

Das Lieblingsrestaurant unserer Soulmate Sabrina, die hier unbedingt die Carbonara als Zwischengericht empfiehlt! Inhaber und Küchenmeister Philipp Johann kocht hier im Karoviertel kulinarische Klassiker auf wahnsinnig leckere Weise: Tomatensuppe und Wiener Schnitzel ebenso wie gezupfte Kalbsbrust und Heilbutt mit Champagner-Risotto. Die Atmosphäre ist schlicht und sympathisch, ein toller Ort für ein romantisches Dinner. Im Sommer gibt es auch Plätze im Hinterhof.

71.

72.

72.

74.

73.

71. OBERHAFEN-KANTINE

OBERHAFEN • Stockmeyerstraße 39 •
oberhafenkantine-hamburg.de •
040 32 809 984

Beim Vorbeilaufen bleiben wir immer an dem schiefen Häuschen hängen, der Besuch lohnt sich jedes Mal. In der Oberhafen-Kantine im kreativen Oberhafenquartier, die früher mal die erste Anlaufstelle für hungrige Hafenarbeiter war, bekommen wir nämlich ein echtes Stück Hamburg auf die Teller. Hausmannskost wie Grünkohl, Labskaus oder Fischeintopf werden hier aus regionalen Zutaten mit Herz und Tradition zubereitet.

72. HELDENPLATZ

SPEICHERSTADT • Brandstwiete 46 •
heldenplatz-restaurant.de • 040 30 372 250

Das Gourmet-Restaurant an der Speicherstadt wird von einem engagierten Inhaber-Trio geführt: Markus Hampp als Küchenchef, Julia Hampp kümmert sich um den zuvorkommenden Service und André Jean-Marie dient mit seinen etwas eigenwilligen Monologen als Sommelier. Die Küche ist handwerklich absolute Spitze, die Gerichte sind anspruchsvoll und raffiniert. Atmosphäre sowie Interieur sind weniger nach unserem Geschmack. Wer sich jedoch auf die außergewöhnlichen Speisen konzentriert, der ist in diesem Hideaway genau richtig.

73. MUTTERLAND CÖLLN'S

CITY • Brodschrangen 1–5 • coellns.de •
040 49 206 115

Schon vor gut 250 Jahren wurde in der ältesten Austernstube Deutschlands mit Fisch und Meeresfrüchten gehandelt. Heute erzählen die Separees und 30.000 handbemalte Fliesen noch ein Stück Hamburger Geschichte und die Atmosphäre ist absolut erlebenswert. Morgens gibt es Franzbrötchen aus der eigenen Mutterland-Backstube und danach wird bis zum Abend regionale Küche mit Fleisch und Gemüse aus der Umgebung gereicht.

74. CUNEO

ST. PAULI • Davidstraße 11 • cuneo1905.de •
040 312 580

Schräg gegenüber von der Davidwache wurde schon 1905 die Trattoria von der Familie Cuneo eröffnet und ist damit das älteste italienische Lokal in Familienbesitz in Deutschland. Das Flair im Restaurant ist einzigartig und wir erinnern uns wahnsinnig gern an die feuchtfröhlichen Abende an denen Inhaber Franco uns zu unserem Tisch geleitete, unterhaltsame Geschichten erzählte und uns das gemütliche Restaurant völlig vereinnahmte. Seine Tochter Franca führt das Lokal nun in ähnlich herzlicher Manier weiter.

75. HAPPENPAPPEN

KAROVIERTEL • *Feldstraße 36* • *happenpappen.de*

Frisch, lecker und komplett vegan sind die Gerichte im Happenpappen – vom wechselnden Mittagstisch über die selbstgebackenen Kuchen bis zu den Burger-Kreationen. Während wir an den großen Fenstern ganz gemütlich unsere Mittagspause genießen, beobachten wir gern das rege Treiben auf St. Pauli. Tipp für alle Langschläfer: Am Wochenende gibt's fantastisches Frühstück all day long!

76. SALT & SILVER ZENTRALE

ST. PAULI • Hafenstraße 136 • saltandsilver.net/zentrale • 0173 4 274 366

Hier wird das Dinner zu einem vergnüglichen Erlebnis. Es waren einmal zwei Freunde, die auf Weltreise gingen, dabei exotische Rezepte entdeckten und nach ihrer Rückkehr ein Restaurant samt Streetfood-Bar in der Hafenstraße in St. Pauli eröffneten. Hier kann man die mit Abstand besten Streetfood-Gerichte Lateinamerikas teilen: von knusprigen Heuschrecken bis hin zu feurigen Tacos. Und dazu gibt's exzellente Margaritas.

79.

78.

77. HACO

*ST. PAULI • Clemens-Schultz-Straße 18 •
restaurant-haco.com • 040 74 203 939*

Der Name steht schlicht für Hamburg
Corner und erinnert damit an die Geschichte der Lokalität als Kiezkneipe auf
St. Pauli. Inhaber und Küchenchef Björn
Juhnke hat ein Faible für Skandinavien
und das drückt sich sowohl im eleganten Interieur als auch auf den Tellern
meisterlich aus: nordische Küche mit
möglichst lokalen, authentischen Produkten. Juhnke verwendet dabei auch
traditionelle Techniken im neuen Ge-
wand. Durch Fermentieren, Trocknen
und Einwecken werden ungewöhnliche
Aromen erschaffen.

78. KRUG

*ST. PAULI • Paul-Roosen-Straße 35 •
krughamburg.de • 01511 4 075 934*

Ein Hamburg-Besuch sollte unbedingt
in die Paul-Roosen-Straße führen.
Neben dem Fine-Dining-Restaurant
Hæbel, der Bar Clockers und dem Weinladen gibt es hier noch das sympathische
Lokal Krug. Ganz unprätentiös werden
hier auf kleinem Raum tolle Drinks und
schmackhafte Küche gereicht. Die große
Auswahl an offenen Weinen macht viel
Freude beim Verkosten und die Gerichte werden vor den Augen der Gäste
mit flinken Fingern hinter der Theke zubereitet.

79. NIL

*STERNSCHANZE • Neuer Pferdemarkt 5 •
restaurant-nil.de • 040 4 397 823*

Seit knapp 30 Jahren (!) gehört das Fine-
Dining-Restaurant zur Gastro-Szene
von St. Pauli. Wir sind beeindruckt, wie
über einen solch langen Zeitraum der-
art hohe Qualität in der Küche und im
Service vollbracht wird, während drum-
herum auf St. Pauli so viel im Wandel ist.
Das Restaurant mit dem einnehmenden
Kronleuchter verteilt sich auf drei Eta-
gen, sodass man romantisch an der Galerie sitzen kann. In der Küche werden
deutsche und mediterrane Kochkultur
auf köstliche Weise zu saisonalen Gerichten vereint. Der erstklassige Service
macht unser Dinner perfekt.

80. BERTA EMIL RICHARD SCHNEIDER

*STERNSCHANZE • Kampstraße 25–27 •
berta-emil-richard-schneider.de •
040 20 956 295*

Ganz klar unser Lieblingslokal nach
einem aufregenden Nachmittag im
bunten Schanzenviertel. Hier lassen
wir unseren Abend mit Highballs und
hamburgischem Soul Food bis in die
Nacht ausklingen. Und wenn es mal zu
wild geworden ist, verwöhnen wir uns
am Wochenende beim Boozy Brunch mit
sensationellem French Toast!

81. HÆBEL

ST. PAULI • Paul-Roosen-Straße 31 • haebel.hamburg • 01517 2 423 046

Als Nordic-French Cuisine fasst der Küchenchef Fabio Haebel die Philosophie seines eleganten Fine-Dining-Restaurants zusammen. Immer nur die besten Zutaten und daher immer saisonal, das Menü wird entsprechend immer wieder neu kreiert und klingt zunächst wie eine anspruchsvolle Einkaufsliste: Seeteufel, Krabben, Merguez, Wachtel und Sauerklee. Dahinter verbergen sich spannende und sehr kreative Kombination von Geschmäckern. Jeden Samstag wird auch ein Mittagsmenü serviert.

82. CARMAGNOLE

STERNSCHANZE • Juliusstraße 18 • carmagnole.de • 040 40 186 115

Wir halten es mit unserem Soulmate Marianus: „Richtig gute Küche und die Drinks sind Bombe!" Das Carmagnole kombiniert moderne französische Küche mit lebendig coolem Bar-Ambiente. Hier lassen sich Klassiker wie Moules Frites oder Steak Tartar mit Espresso Martini und St. Germain Spritz zu einem vergnüglich köstlichen Abend verbinden.

„Eine gute Küche
ist das Fundament
allen Glücks.“

– Auguste Escoffier

84.

86.

86.

83. MARSEILLE

ALTONA • Große Elbstraße 164 •
restaurant-marseille.de • 040 41 307 221

Am Hamburger Fischmarkt auf der Großen Elbstraße reihen sich die schicken Fischrestaurants und die herzlichen Fischimbisse wie am Walk of Fame. Unser Liebling in dieser Auswahl ist das wohlige Marseille mit unkomplizierter, französischer Küche und einer wahnsinnig guten Bouillabaisse!

84. KLIPPKROOG

OTTENSEN • Große Bergstraße 255 •
klippkroog.de • 040 57 244 368

Morgens, mittags, abends – das Klippkroog besuchen wir zu jeder Tageszeit gern, ob für ein umfangreiches Frühstück oder einen Vino mit Freunden. Die rustikalen Dielentische und die offene Küche verleihen dem Restaurant seinen ganz besonderen Charme. Der plattdeutsche Name steht für ein einfaches, klares Lokal. Und dem macht Inhaberin Anne Behm mit ihren großartigen regionalen Gerichten und der familiären Atmosphäre alle Ehre.

85. MOMO RAMEN

EIMSBÜTTEL • Margaretenstraße 58 •
momo-ramen.de

Ein Lieblingsrestaurant unserer Soulmate Steffi: Hier gibt es die besten (veganen) Ramen der Stadt! Das sympathische, kleine Lokal von Vena und Valentin liegt unweit der Weidenallee, die wir fürs Schaufensterbummeln so lieben. Und spätestens seit der Amerikaner Ivan Orkin zum besten Ramenkoch in Japan gewählt wurde, wissen wir, dass auch Nicht-Japaner exzellente japanische Nudelsuppen zubereiten können.

86. HEIMATJUWEL

EIMSBÜTTEL • Stellinger Weg 47 •
heimatjuwel.de • 040 42 106 989

Der Name drückt den lokalen und authentisch nordischen Küchenstil aus. Inhaber Marcel Görke war zuvor Küchenchef im Zwei-Sterne-Restaurant am Hamburger Süllberg, bevor er sich entschloss, seinen eigenen gastronomischen Weg einzuschlagen. Auf der Karte dieses kleinen Lokals stehen nordische Champions wie Nordseekrabben, Holsteiner Schinken oder Müritzaal, die Görke mit Leidenschaft und Können veredelt.

87. WITWENBALL

EIMSBÜTTEL • Weidenallee 20 • witwenball.com • 040 53 630 085

Hier gibt es die beste Weinkarte Hamburgs! So sieht es unser Soulmate Marianus. Wir lieben die Philosophie der neuen Weinbars: übersichtliche Speisekarte mit kleinen, anspruchsvollen Gerichten, exzellenter Wein und lebendige Feierstimmung mit einer kunterbunten Mischung aus Gästen. Der Witwenball ist in diesem Sinne eine dringende Empfehlung für Eimsbüttel- / Schanzenviertel.

88. VIENNA

EIMSBÜTTEL • Fettstraße 2 • vienna-hamburg.de • 040 4 399 182

Unser Soulmate Marianus ist selbst ausgezeichneter Koch und beschreibt das Vienna als das beste Restaurant Hamburgs! Wir genießen die gemütliche, lebendige Atmosphäre in diesem kleinen Hinterhof-Restaurant, das Inhaber Sven Bunge in den 8oer-Jahren eröffnet hat. Reservierungen sind nicht möglich, dafür gehört das Warten auf einen Tisch mit einem Crémant zum Erlebnis dazu. Die Gerichte wechseln stetig und nach Saison, die Küche folgt dem kreativen Geist des Inhabers. Neben Klassikern wie Tafelspitz, geschmorten Ochsenbäckchen oder Lammbratwurst finden sich auf der handgeschriebenen Karte auch immer ausgefallene italienische und portugiesische Gerichte.

89. 100/200 KITCHEN

ROTHENBURGSORT • Brandshofer Deich 68 • 100200.kitchen • 040 30 925 191

Lage und Charme des neuen Restaurants von Thomas Imbusch sind ebenso einzigartig wie die radikale Philosophie. Die offene Küche bildet das imposante Zentrum des im Industriestil gehaltenen großen Raumes. Der ehemalige Küchenchef der Bullerei hat sich hier neu erfunden. Konsequent werden hier nur die allerbesten Zutaten ausgewählt und zur Gänze für das gesamte Menü verwendet. Die Zubereitung des gesamten Tieres ist für Imbusch Ausdruck von Wertschätzung und Nachhaltigkeit. Das Menü liegt bei etwa 100 Euro.

90. WOLFS JUNGE

UHLENHORST • *Zimmerstraße 30* • *wolfs-junge.de* • *040 20 965 157*

Eine Perle im Hamburger Osten! Mittags wird köstliche Hausmannskost serviert und am Abend kocht Küchenchef Sebastian Junge lässige und gleichzeitig anspruchsvolle Küche. Der Anspruch bezieht sich dabei nicht nur auf das Küchen-Handwerk, sondern in politischer Weise auf die höchst sorgfältige Auswahl der Produkte und eine „Nose to Tail"-Philosophie. So bestellt Sebastian auch seinen eigenen biodynamischen Kräutergarten in Ochsenwerder. Seine Laufbahn führte ihn zuvor sowohl in die Küche des Gut Wulksfelde als auch zum renommierten Restaurant des Louis C. Jacob.

91.

91.

92.

92.

91. ONO

EPPENDORF • Lehmweg 17 •
onobysteffenhenssler.de • 040 88 171 842

Das Ono wurde 2009 eröffnet und ist schon ein Klassiker in der Hamburger Gastro-Szene. Serviert wird frischer Fisch in verschiedensten Variationen, höchst empfehlenswert sind dabei die Sushi-Kreationen. Es ist das zweite Restaurant des Lokalhelden Steffen Henssler, der heute Teil der kulinarischen Visitenkarte Hamburgs ist. Kein Besuch ohne die Crunchy California Roll!

92. COX

ST. GEORG • Lange Reihe 68 •
restaurant-cox.de • 040 249 422

Das französische Bistrot Cox besteht seit über zehn Jahren und ist in seinem Stil eine Ode an St. Georg und gleichzeitig auch dessen kulinarisches Highlight. Mittags wird ein unschlagbares Menü mit Vorspeise und Hauptgang für 12,50 Euro angeboten. Der Abend bietet mit den tiefroten Ledersofas, den Thonet-Stühlen und der zentralen Bar ein romantisches Ambiente. Die Gerichte sind raffiniert französisch mit Hamburger Einschlag: Provenzalische Fischsuppe trifft auf nordisches Matjes-Tatar.

93. HOBENKÖÖK

OBERHAFEN • Stockmeyerstraße 43 •
hobenkoeoek.de • 040 22 865 538

Die schnieke Markthalle im Oberhafen spiegelt den immer stärker werdenden Wunsch nach regionalen und saisonalen Lebensmitteln und authentischer norddeutscher Küche wider. Produkte von über 200 Erzeugern rund um Hamburg werden hier angeboten und im Restaurant zu ständig wechselnden Gerichten kombiniert. Thomas Sampl ist der innovative Küchenchef hinter diesem kulinarischen Konzept, das den Gast morgens, mittags und abends willkommen heißt.

94. LIMAN FISCH-RESTAURANT

WINTERHUDE • Mühlenkamp 16 • liman-fisch.com • 040 37 085 653

Etwas abseits der touristischen Hauptrouten liegt das sympathische und wunderbar leckere Restaurant von Ehepaar Gürcan und Gülay Aksoy. Seit über acht Jahren betreiben die beiden dieses einfache und gleichzeitig ausgezeichnete Lokal, das bei einer Alsterumrundung der perfekte Ort für den Lunch ist. Empfehlung des Hauses: Baby Calamaretti und der Liman Mix.

Einfach gut Mittagessen

97

97

95. DARUMA

CITY • Stadtdeich 1 • 040 326 632

Ausgezeichneter, authentischer Japaner! Einfaches Interieur, dafür traditionelle Gerichte neben den klassisch bekannten Sushi-Gerichten.

96. O-REN-ISHII

CITY • Kleine Reichenstraße 18 • o-ren-ishii.com • 01514 0 030 003

Zwischen City und Außenalster liegt dieses vietnamesische Restaurant mit schnellem Service und ausgezeichneter Küche. Nun schon seit über 10 Jahren.

97. FLEETSCHLÖSSCHEN

SPEICHERSTADT • Brooktorkai 17 • fleetschloesschen.de • 040 30 393 210

Wer in der Speicherstadt und der Hafencity unterwegs ist, sollte sich einen Besuch beim Fleetschlösschen nicht entgehen lassen. Das unter Denkmalschutz stehende Gebäude verzaubert im Inneren mit seiner ganz besonderen Atmosphäre und der alten Wendeltreppe. Hier gibt es Fischsuppe, Matjes oder den berühmt berüchtigten Labskaus.

98. IMBISS BEI SCHORSCH

KAROVIERTEL • Beim Grünen Jäger 14 • imbiss-bei-schorsch.de • 040 43 091 925

Hammer Hamburger Imbissbude!

99. MAN WAH

ST. PAULI • Spielbudenpl. 18 • manwah.foodpearl.com • 040 3 192 511

Rein von der äußerlichen Erscheinung ist das Restaurant zunächst eine mutige Entscheidung, aber die Dumplings, die hier schlicht und teils etwas unfreundlich daherkommen, gehören zu den besten Hamburgs. Mittags lässt sich das Man Wah wunderbar mit einem Dessert in der Zuckermonarchie verbinden

100. AZEITONA

STERNSCHANZE • Beckstraße 17 • 040 18 007 371

Sagenhaft leckere, Palästinensische Küche! Der gemischte vegetarische Teller schmeckt außergewöhnlich gut und die Falafel-Wraps auf die Hand sind perfekt, um damit am Wochenende weiter auf den Schanzenflohmarkt zu spazieren.

101. POLOKANTINE

STERNSCHANZE • Bartelsstraße 26 • polokantine.com • 040 43 179 636

Vorzüglicher Lunch at its best! Unbedingt direkt morgens vorbestellen, das aktuelle Menü gibt es online.

Hamburger
Fischmarkt

Der Hamburger Fischmarkt in St. Pauli an jedem Sonntagmorgen ist legendärer Kult! Begonnen im Jahre 1703, ist es der älteste Markt der Stadt. Hier enden legendäre Nächte und beginnen um 05.30 glückliche Tage.

Einfach gut Mittagessen

FISCH-
BRÖTCHEN

104.

105.

104.

102. LOKMAM

STERNSCHANZE • *Susannenstraße 16* •
040 4 303 828

Die beste türkische Küche auf der Schanze und das Brot wird hier noch selbst gebacken.

103. FISCHMARKT BISTRO HAMBURG

ALTONA • *Große Elbstraße 133* •
fischmarkt-bistro.de • *0172 9 770 860*

In der großen Elbstraße ist das Fischmarkt Bistro unser Favorit für Fischbrötchen, Fischsuppe oder alles andere, was hier frisch aus dem Meer zubereitet wird.

104. GOEDEKENS KOMBÜSE

ALTONA • *Große Elbstraße 141b* •
wilhelm-goedeken.de • *040 380 237 635*

Hier reiht sich ein Fischimbiss an den nächsten. Goedekens Kombüse steht am Ende der Reihe, ist jedoch geschmacklich einfach spitze!

105. BRÜCKE 10

ALTONA • *St. Pauli-Landungsbrücken 10* •
bruecke10.com • *040 33 399 339*

Das perfekte Setting für ein leckeres Fischbrötchen zwischendurch!

106. AKARI

UHLENHORST • *Papenhuder Str. 67* •
restaurant-akari.de • *040 2 200 803*

Bei diesem ausgezeichneten, authentischen Japaner sollte man bei der Alsterumrundung mit dem Rad auf jeden Fall eine Lunch-Pause einlegen!

107. FÄHRANLEGER TEUFELSBRÜCK – CAFÉ ENGEL

KLEIN-FLOTTBEK

Hier gibt es die besten Fritten von Hamburg. Wer also mit der Fähre 62 unterwegs ist, kann sich hier genüsslich die Zeit vertreiben.

108. VEDDELER FISCHGASTSTÄTTE

VEDDEL • *Tunnelstraße 70* •
veddeler-fischgaststaette.de • *040 786 389*

Ein Lieblingstipp unserer Soulmate Alexandra: ein uriges Stück Hamburg aus den 60er-Jahren, wie es uns kaum noch woanders begegnet. Süchtig machender Backfisch mit hausgemachtem Kartoffelsalat!

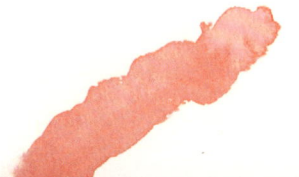

„Ich liebe die Vielfalt und bin in Hamburg umgeben von ihr."

– Fahri Yardim

109. PONTON OP'N BULLN

*BLANKENESE • Strandweg 30 •
pontonopnbulln.de • 040 86 645 127*

Nach einem Spaziergang durch das
Blankeneser Treppenviertel und den
Strand entlang, gelangt man an diesen entzückenden Ort zum Lunch. In
der Sonne und direkt auf dem Wasser
sitzend, können wir hier über die Elbe
blicken und den großen Schiffen hinter-
herschauen. Dazu gibt es ein Alsterwasser und eine Fischsemmel mit Brat-
kartoffeln vom Allerfeinsten. Unsere
Soulmate Manuela führt das charmante
Restaurant seit knappen 16 Jahren mit
Liebe und Leidenschaft.

110. QUELLENTAL

*KLEIN-FLOTTBEK • Quellental 36 •
quellental-restaurant.de • 040 82 242 270*

Das idyllische Restaurant liegt mitten
im Grünen. Im schönen Garten kann
man im Sommer prima draußen sitzen.
Ein Besuch lässt sich zur Mittagszeit
hervorragend mit einem Spaziergang im
Jenischpark verbinden. Ein schöner Weg
führt vom Fähranleger Teufelsbrück den
Hügel hinauf zum Jenisch-Haus. Die
Speisen sind einfach und lecker, ein Ort
um der Seele Gutes zu tun und sich ein
Wiener Schnitzel zu gönnen.

6. Cafés & Süßes

„Wo Kaffee serviert wird, da ist Anmut,
Freundschaft und Fröhlichkeit!"
– Ansari Djerzeri Hanball Abd-al-Kadir

Die Hamburger Cafés begeistern mit gemütlichem Flair und strahlender Herzlichkeit. Ob es das versteckte, romantische Café im Blankeneser Treppenviertel ist oder der passionierte Kuchen- und Tortenkünstler in der Schanze, der Imbiss am Strand oder der hippe Coffeeshop in der City, unsere empfohlenen Cafés auf den folgenden Seiten haben jeweils einen ganz eigenen Charme und sind geprägt durch viel persönliches Engagement.

111. NORD COAST COFFEE ROASTERY

CITY • *Deichstraße 9* • *nordcoast-coffee.de*

Neben einem bezaubernden Blick direkt auf den Fleet erwarten uns hier ausgewählte Leckereien und Kaffeespezialitäten in drei Röstungen. Die Rohkaffees werden nachhaltig angebaut und fair gehandelt. Für unseren perfekten Kaffee können wir zwischen ganz verschiedenen Brühmethoden wählen. Unser Frühstücksliebling? Die Pitaya Bowl.

112. CAFÉ HEJPAPA

CITY • *Poolstraße 32* • *hej-papa.de*

Das Hejpapa wird von Vater und Tochter gemeinsam betrieben und ist zudem noch ein Lieblingstipp von Soulmate Marianus. Ob zum Frühstück oder Mittagstisch, hier kommen sowohl traditionelle Gerichte als auch moderne Food Trends auf die langen Holztische – von leckeren Bulgur-Salaten über frische Gemüse-Tartes bis zu Königsberger Klopsen wie von Oma.

WHITE
CAFE LATTE
BATCH BREW EL MORENO
FILTER EL PUENTE
SYPHON WERKA
NITRO KOCHERE
COLD DRIP LA GABRIELA

115.

113.

café johanna

26

113.

113. CAFÉ JOHANNA

CITY • Venusberg 26 C • cafejohanna.de

Verliebte Pärchen sitzen hier zwischen Touristen und Kreativen aus den umliegenden Agenturen – im Café Johanna treffen bei Frühstück, Panini oder Ziegenkäsesalat ganz unterschiedliche Menschen aufeinander. Auf den Tisch kommen vor allem regionale und ökologisch angebaute Produkte. Ausgiebig gestärkt geht's von „Johanna" aus weiter zur Reeperbahn, zum Hafen oder ins Portugiesen-Viertel.

114. ERSTE LIEBE BAR

CITY • Michaelisbrücke 3 • ersteliebebar.de

Eine lange Liebe verbindet uns mit der Erste Liebe Bar. Schon vor knappen zehn Jahren war sie unser absolutes Lieblingscafé. Das moderne Café-Hipstertum – im positiven Sinn von Qualität und Schönheit – war damals noch weitgehend unbekannt und die beiden sympathischen Inhaber Marc & Sabrina waren damals wahre Pioniere: höchster Anspruch an die verwendeten Produkte und die Zubereitung und gleichzeitig viel Kreativität und Geschmack beim simplen Interieur. Heute ist vieles von diesen Elementen zum hippen Standard geworden. Doch die Erste Liebe Bar überzeugt weiterhin und ganz konsequent. 13 Jahre Erfahrung drücken sich in fantastischer Pâtisserie, leckeren Paninis und Pasta und vor allem exzellenten Kaffee aus.

115. ELBGOLD INNENSTADT

CITY • Schauenburgerstraße 50 • elbgold.com

Die elbgold-Cafés sind die modernen Kaffeehausinstitutionen der Stadt. Die Baristas malen hinter der eindrucksvollen Granitbar kleine Kunstwerke in den Cappuccino-Schaum, auf der Karte erwarten uns auch Spezialitäten wie Cold Drip und Nitro Coffee. Anschließend spazieren wir durch die Alster-Colonnaden am Hamburger Rathaus. Es gibt noch weitere Filialen in der Schanze, Eppendorf, Winterhude und im Alsterhaus.

116. CAFÉ CONDI

CITY • Neuer Jungfernstieg 10

Das Café Condi im Hotel Vierjahreszeiten ist eine Hamburger Institution seit seiner Eröffnung 1934. In eleganter Biedermeier-Atmosphäre wird laut eigener Aussage das beste Frühstück Hamburgs serviert. Am Nachmittag werden in der schicken und modernen Lounge exquisite Süßspeisen gereicht. Der Cappuccino liegt bei sagenhaften 6 Euro, das einmalige Ambiente ist inbegriffen und erlebenswert.

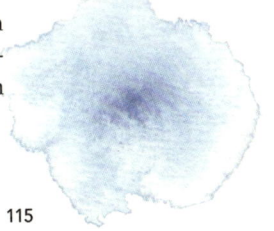

117. PUBLIC COFFEE ROASTERS

CITY • *Wexstraße 28* • *publiccoffeeroasters.com*

Der handverlesene und sensationelle Kaffee der Public Coffee Roasters kommt nicht von irgendeiner Rösterei. Er wird eigens in einem schwimmenden Hausboot direkt auf der Elbe schonend und individuell geröstet. In jeder Tasse finden sich unterschiedlichste Geschmacksnuancen, die hier in echter Handarbeit aus den Kaffeebohnen herausgearbeitet werden.

118. HARBOR CAKE

KAROVIERTEL • *Marktstraße 36 • harbor-cake.de*

Das Café hat den Charme einer rauen Hafenkneipe und dazu gibt es grandiose Kuchen und Torten! Wer beim Shoppen auf der Marktstraße eine Pause einlegt, der sollte hier unbedingt einkehren. Wem die köstliche Auswahl in der Vitrine nicht ausreicht, dem legen wir den Kaiserschmarrn ans Herz: sensationell!

121.

123.

119.

119. KAFFEERÖSTEREI SPEICHERSTADT

SPEICHERSTADT • *Kehrwieder 5* • *speicherstadt-kaffee.de*

Wenn wir das alte Backsteinhaus mitten in der Speicherstadt betreten, steigt uns sofort der Duft von frischgeröstetem Kaffee in die Nase. Besonders am Wochenende kann die Schlange hier schon länger sein. Aber für die hochwertigen Kaffeespezialitäten lohnt sich das Warten. Die Sorten kommen aus der ganzen Welt. Nachhaltigkeit und Verantwortung stehen bei der Auswahl im Vordergrund. Unbedingt probieren: den Orang-Utan-Kaffee! Besonders schön ist auch das Ambiente, da man hier direkt neben den Kaffeeröstern sitzen kann.

120. TØRNQUIST

STERNSCHANZE • *Neuer Pferdemarkt 12* • *tornqvistcoffee.com*

Das coole Café mit skandinavischem Flair erhebt die Kaffeekultur zur Kunstform. Inhaber Linus ist Halbfinne und bereitet mit Akribie einzigartigen Flat White zu. Die Bohnen holt er aus den besten Röstereien Skandinaviens, und durch die helle Röstung schmecken sie besonders fruchtig.

121. MAD ABOUT JUICE

CITY • *Dammtorstraße 29* • *madaboutjuice.de*

Im Sommer gehört eine Fahrradtour um die Alster zu den schönsten Ausflügen in der Stadt. Vorher noch einpacken: einen „urbanen Zaubertrank" und eine Acai-Bowl bei MAD about Juice am Dammtor. Die beste Wiese für ein Picknick und zum Faulenzen liegt übrigens südlich von Bodo's Bootssteg oder im Osten die Alsterwiese Schwanenwik.

122. HERR MAX

STERNSCHANZE • *Schulterblatt 12* • *herrmax.de*

Bei Herr Max gibt es die süßen Dinge des Lebens. Der gelernte Konditor lebt mit seinem eigenen, charmanten Café einen lang gehegten Traum und begeistert uns mit fulminanten Torten und Pâtisserie.

123. HERMETIC COFFEE ROASTERS

STERNSCHANZE • *Sternstraße 68* • *hermeticcoffee.com*

Wer beispielsweise gerade auf dem Schanzenflohmarkt bei der alten Rinderschlachthalle unterwegs ist, der holt sich seinen Kaffee am besten bei den Experten. Das gemütliche und etwas versteckte Café bietet Bohnen aus eigener Röstung, exzellenten Kaffee mit leckerem Karottenkuchen, super Stimmung und sonnige Plätze draußen.

124.

124.

124.

124. ZUCKERMONARCHIE

ST. PAULI • Taubenstraße 15 •
zuckermonarchie.de

Wir waren erst skeptisch: ein süßes kleines Café auf St. Pauli? Für Naschkatzen
gibt es jedoch tatsächlich keinen bes-
seren Ort. Leckere Tortenkreationen,
bunte Macarons und zauberhafte
Cupcakes werden hier liebevoll selbst
gebacken und von Kaffeespezialitäten,
Tee und spritzigen hausgemachten
Limonaden begleitet.

125. SURF SHOP ROASTERY

ALTONA • Fischmarkt 11 •
surfshoproastery.de

Früher ein Surf Shop, heute eine kleine
Kaffeerösterei direkt an der Küste Feh-
marns, in der die Liebe zum Kaffee gelebt wird. Probieren können wir die einzigartigen, fruchtigen Kaffeeröstungen,
die mit ihrem blumigen Aroma eher an
Frucht- und Kräutertees erinnern sollen,
in den beiden kleinen Cafés in Eimsbüttel und am Fischmarkt.

126. TIDE TREIBHOLZ & FEINKOST

OTTENSEN • Rothestraße 53 • tide.dk

Hereinspaziert, denn in diesem Laden
gibt es viel zu entdecken: tollen Kaffee, selbst gemachte Feinkost und stilvolle Treibholzkunst. In dieser charmanten Lokalität von Frank Walbeck
trifft Kunst auf Kulinarik. Bei einem
guten Espresso mit Milchschaum (seine
Spezialität!) lässt sich hier gern mal die
Zeit vergessen.

127. MIKKELS

OTTENSEN • Kleine Rainstraße 10 •
mikkels.de

Ein perfekter Tag beginnt bei uns mit
einem ausgiebigen Frühstück. Deshalb
gehört das Mikkels zu unseren Lieblingscafés in Hamburg. Im Sommer
sitzen wir auf den bunten Stühlen vor
dem kleinen Lokal und genießen hausgemachte Scones, üppige Baguettes und
kleine Küchlein aus regionalen Zutaten,
bevor wir durch die charmanten Otten-
ser Straßen schlendern.

128. ECLAIR AU CAFÉ

OTTENSEN • Eppendorfer Weg 1 •
eclairaucafe-hamburg.de

Ganz einfach: hier gibt es fantastische
Eclairs – natürlich die besten der Stadt!

132.

132.

132.

129. CAFÉ LEONAR

EIMSBÜTTEL • Grindelhof 59 • cafeleonar.de

Das Grindelviertel war einst Zentrum des jüdischen Lebens in Hamburg. In diesem Sinne versteht sich das Leonar nicht nur als Café, sondern auch als Kulturzentrum. Mit seinen deckenhohen Bücherregalen gelingt eine besondere Wohnzimmer-Atmosphäre. Die jüdische Küche bietet hier ebenfalls Besonderes: zum Beispiel hausgemachte Mohnwaffeln und Schakschuka. Viel Freude dabei!

130. MOKI'S GOODIES

EIMSBÜTTEL • Eppendorfer Weg 171 • mokis-goodies.de

Ihr wollt den Tag in Hamburg mit einem tollen Frühstück beginnen? Dann solltet ihr unbedingt hier vorbeischauen. Aber früh genug da sein oder reservieren, das Café in Eppendorf ist klein, aber fein. Serviert wird Soul- und Superfood, das heißt: gesund und lecker wie zum Beispiel die Acai-Smoothie Bowl.

131. BIOKONDITOREI EICHEL

EIMSBÜTTEL • Osterstraße 15 • biokonditorei-eichel.de

Die Bio-Konditorei von Herrn Eichel ist eine Offenbarung. Wer noch glaubt, dass vegane und glutenfreie Torten langweilig und „öko" schmecken, der wird hier bekehrt. Vom Franzbrötchen bis zu anspruchsvollen Torten: toller Geschmack und das ohne jegliche künstliche Zusatzstoffe. Sogar die Croissants sind fluffig und kross wie sie gehören, meisterlich.

132. CAFÉ GLÜCK UND SELIG

EIMSBÜTTEL • Heußweg 97 • glueck-und-selig.de

Lina und Rike haben schon früh davon geträumt, gemeinsam ein eigenes Café zu eröffnen. Sie haben sich ihren Traum vom Glück erfüllt und teilen ihn mit ihren Gästen. In liebevollem Ambiente servieren sie unter anderem Frühstück, hausgebackenen Kuchen, Waffeln, Crumbles und einen sehr leckeren Kaffee.

133. SALON WECHSEL DICH

EIMSBÜTTEL • Grindelhof 62 • salonwechseldich.de

Der Salon Wechsel Dich ist nicht einfach nur ein Wohlfühl-Café mit fantastischen Waffeln, Paninis und Flammkuchen, sondern noch dazu ein Showroom für kreative Jungdesigner. Wenn wir uns in eines der Möbelstücke oder Wohnaccessoires im Café verlieben, dann können wir dieses hier direkt für unser eigenes Zuhause kaufen.

134. BALZ UND BALZ

EPPENDORF • Lehmweg 6 • balzundbalz.de

Das Geschwisterpaar Kathrin und Chris Balz hat hier einen besonders herzlichen Ort geschaffen, an dem man sich gleich Zuhause fühlt. Die Zimtschnecken sind traumhaft und schmecken wie in einem dieser romantischen Gartencafés in Südschweden. Der Kaffee wird mit besonderer Ernsthaftigkeit und Leidenschaft zelebriert. Von hier lässt es sich wunderbar am Isebekkanal Richtung Eppendorfer Baum schlendern.

135. WAS WIR WIRKICH LIEBEN

EPPENDORF • *Hegestraße 28* • *waswirwirklichlieben.de*

Wir stehen total auf regionale Produkte, frische Stullen und selbstgebackene Kuchen wie von Oma. Genau das finden wir im Was wir wirklich lieben. Zu jeder Tageszeit können wir uns hier mit Leckereien verwöhnen lassen und unterschreiben den Namen sofort.

136. LITTLE AMSTERDAM

EPPENDORF • Klosterallee 69

Wer im Trubel der Großstadt nach einer kleinen Oase der Ruhe sucht, der wird am Isebekkanal in Eppendorf fündig. Im verwunschenen Café Little Amsterdam fühlen wir uns zwischen Lichterketten und wildem Grün wie im eigenen Garten. Bei fantastischen Wraps, Croques und Kuchen, begleitet von dem ein oder anderen Drink, vergessen wir hier an einem lauen Sommerabend liebend gern die Zeit.

137. ÆNDRÈ

EPPENDORF • Lehmweg 31a • aendre.de

In diesem Deli gibt es ein fantastisches (veganes) Frühstück! Zu jedem Gericht muss hier eigentlich eine kleine Geschichte erzählt werden, denn Geschmack und Rezepte sind außergewöhnlich: Smoothi-Bowl mit Dattelkaramell, fermentiertes Porridge und Toasts, die jede Avocado-Variante ausstechen. Das nette Lokal hat auch zum Lunch und bis in den frühen Abend hinein geöffnet.

138. DIE KLEINE CRÊPERIE

EPPENDORF • Eppendorfer Baum 22 •
diekleinecreperie.chayns.net

Ihr liebt Crêpes? Dann solltet ihr beim Bummel durch Eppendorf auf jeden Fall eine Pause bei der kleinen Crêperie machen. Ein Lieblingstipp unserer Soulmate Sabrina. Ihr Favorit ist klassisch mit Apfelmus, Zimt und Zucker. Allerdings schwört sie auch auf belgische Schokolade und die herzhaften Varianten von Crêpes, die Inhaber Dennis hier zaubert.

139. PALEDO

WINTERHUDE • Mühlenkamp 1 •
paledohamburg.de

Das süße rosafarbene Café serviert gesundes Frühstück aus Überzeugung. Sogar die Pancakes gibt es hier in ganz unbekannter Variante: nämlich mit Reisund Buchweizenmehl. Ein Highlight sind außerdem die Süßkartoffeltoasts mit Rote Beete-Hummus und Feta.

143.

143.

142.

143.

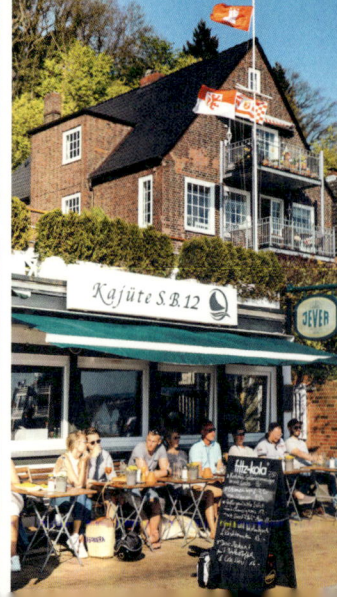

23.

142.

140. STOCKHOLM ESPRESSO CLUB

WINTERHUDE • *Peter-Marquard-Straße 8 •*
stockholmespressoclub.de

Exquisites kleines Frühstückscafé in Winterhude mit leckeren Pancakes und handgebrühtem Filterkaffee. Die gerösteten Bohnen kommen exklusiv von der Rösterei Koppi im schwedischen Helsingborg.

141. KAJÜTE

BLANKENESE • *Strandweg 79 • kajuetesb12.de*
Die Kajüte zählt zu unseren absoluten Lieblingstipps in Hamburg und gehört unserer charismatischen Soulmate Manuela Gehrmann und ihrer Partnerin. Seit mehr als zehn Jahren zieht es uns immer wieder in die Kajüte mit dem sympathischen, kleinen Straßenverkauf. Die Tische stehen hier direkt im Sand, der Leuchtturm ragt wenige Meter weiter in die Höhe und ab und an fahren die dicken Containerschiffe vorbei. Mehr Hamburg bekommt man nirgendwo.

142. TREPPENKRÄMER

BLANKENESE • *Hans-Lange-Straße 23 •*
treppenkraemer.de

Der Weg zu diesem idyllischen Café führt kreuz und quer durch das wunderschöne Blankeneser Treppenviertel. In herrlicher Ruhe kann man hier an den wenigen Tischen und Bänken draußen sitzen, einen Kaffee mit Streuselkuchen genießen und die Szenerie auf sich wirken lassen.

143. LÜHMANNS TEESTUBE

BLANKENESE • *Blankeneser Landstraße 29b •*
luehmanns-teestube.de

Ich bin in Blankenese zur Schule gegangen und diese Teestube lag damals wie heute direkt daneben. Doch erst nach meiner Schulzeit – ich wohnte schon nicht mehr in Hamburg – habe ich erstmals die leckeren Scones, die himmlischen Kuchen und das romantisch schöne und gemütliche Ambiente in der Teestube erlebt. Es war wie eine Offenbarung und ich wundere mich, warum ich damals nicht täglich dort war. Ein wunderbar persönlicher Ort, den das ehemalige Inhaber-Paar Uwe und Monika Lühmann nach ihrer Rückkehr aus Wien hier 28 Jahre lang selbst führten. Zum Haus gehört ebenfalls ein nettes Bed & Breakfast, das weiterhin von den Lühmanns geleitet wird, während das Café vertrauensvoll an Maud Barg übergeben wurde.

144. LOUIS C. JACOB

NIENSTEDTEN • *Elbchaussee 401* • *hotel-jacob.de*

Die vielleicht schönste Sonnenterrasse in Hamburg liegt im gediegenen Louis C. Jacob. Die Lindenterrasse wurde bereits 1791 von Daniel Louis Jaques angelegt und eröffnet einen herrschaftlichen Blick auf die Elbe. Perfekt für genussvollen Kaffee und Kuchen am Nachmittag.

145. ENTENWERDER 1

ROTHENBURGSORT • *Entenwerder 1*

Der originellste Sommer-Frühstücks-Treffpunkt außerhalb des Zentrums ist das Café Entenwerder 1 auf einem schwimmenden Ponton in der Elbe. Bei Kaffee und hausgemachten Köstlichkeiten blicken wir auf die Hafenkulisse und genießen das hanseatische Flair in seiner schönsten Art.

Café Lükus

146.

146.

146. CAFE LÜKÜS

FALKENSTEIN • *Falkensteiner Ufer 54*

Ein fantastisches Ausflugsziel für Familien! Wir haben es bei einer Fahrradtour zum Falkensteiner Ufer entdeckt. Wie eine kleine Oase liegt der abenteuerliche Spielplatz mit dem Imbiss und dem kleinen Restaurant am schönsten Sandstrand direkt an der Elbe. Wem es hier besonders gut gefällt, der kann auch sein Zelt mitbringen und im benachbarten ElbeCamp direkt am Strand übernachten. Ein Geheimtipp unserer Soulmate Manuela.

147. STRANDPERLE

OTHMARSCHEN • *Övelgönne 60* • strandperle-hamburg.de

Ein absolutes „To Do" für jeden Hamburg-Trip ist der Besuch der Strandperle. Wer nicht einmal mit den Zehen im Sand auf einem Liegestuhl saß und dabei ein Alsterwasser getrunken hat, war nicht wirklich in Hamburg. Am besten mit der Fähre nach Övelgönne fahren und dann den Elbstrand entlangschlendern.

148. CAFÉ GNOSA

ST. GEORG • *Lange Reihe 93*

Bunt gemischt – das ist nicht nur das Leben auf St. Georg, sondern sind auch die Gäste dieses Traditions-Cafés in der Langen Reihe. Besonders einladend sind die große Kuchentheke und die wechselnden Kunstaustellungen. Der runde Tisch mit der charmanten Sitzbank trägt immer das Schild „reserviert". Auf Nachfrage klärt man uns auf: „Natürlich für Angela Merkel!"

149. ALSTERPERLE

UHLENHORST • *Eduard-Rhein-Ufer 1* • alsterperle.com

Ein Spaziergang um die Alster gehört zum Hamburg-Besuch wie die Elbe zum Hafen. Am schönsten lassen sich die Segelboote, Sportruderer und Alsterschiffe von einem Liegestuhl an der Alsterperle beobachten. Am östlichen Ufer gelegen, kann man hier mit einer Weinschorle oder einem kühlen Bier unter der alten Weide einfach die Seele baumeln lassen.

156.

156.

Eisdielen

150. EIS SCHMIDT
CITY • *Colonnaden 25* • *eis-schmidt.com*

151. OROGELATO
HAFENCITY • *Osakaallee 2–4* •

156.

152.

152.

156.

152.

156.

Es bleibt Hamburg, diese großartige Synthese einer Stadt aus Atlantik und Alster, aus Buddenbrooks und Bebel, aus Leben und Lebenlassen. Ich liebe diese Stadt mit ihren kaum verhüllten Anglizismen in Form und Gebärden, mit ihrem zeremoniellen Traditionsstolz, ihrem kaufmännischen Pragmatismus und ihrer zugleich liebenswerten Provinzialität.

– Helmut Schmidt

7. Shops

In der Heimatstadt von Karl Lagerfeld wurde das Flanieren wahrscheinlich erfunden. In Hamburg gibt es viele wundervolle Straßenzüge und Plätze, an denen man die unterschiedlichsten Läden direkt nebeneinander findet. Am liebsten bummeln wir in der City entlang der Colonnaden zum Jungfernstieg, in Eppendorf am Isebekkanal, in Eimsbüttel in der Weidenallee und im Karoviertel durch die Marktstraße. Jedes Viertel hat seinen ganz eigenen Vibe, der sich in den zumeist unabhängigen Geschäften zum Ausdruck bringt.

„Das Schönste im Leben ist kostenlos.
Das Zweistschönste ist ziemlich teuer."
– Coco Chanel

157. WINKEL VAN SINKEL

CITY • Wexstraße 28 • winkelvansinkel.de

Winkel van Sinkel ist ein Herzensort unserer Soulmate Steffi Luxat, noch dazu liegt das Urban-Jungle-Konzept voll im Trend! Hier gibt es über 400 Pflanzen vom Kaktus bis zur Air Plant. Im Anschluss empfehlen wir dringend einen kurzen Stopp bei den vorzüglichen Public Coffee Roasters nebenan. Oder, auch sehenswert: die neue Winkel van Sinkel-Filiale in einer ehemaligen Tankstelle am Grindelberg 62.

158. MAISON F.

CITY • *Poolstraße 32* • *maison-f.de*

Erst ein delikates Frühstückchen bei Vater & Tochter im Hejpapa – wer
spät dran ist, kann hier auch lunchen – und dann shoppen im Lieblings-
Einrichtungsladen von unserer Soulmate Steffi. Inhaber Falk Pachulski
ermutigt hier gerne zu mehr Extravaganz in den eigenen vier Wänden.

163.

162.

159. SECONDELLA

CITY • *Hohe Bleichen 5*

Die Institution für Second-Hand-Designer-Mode und ein Ort mit Seele und Geschichte! Gegründet wurde der Laden 1970 von Model Marie-Louise Schaernack und Modedesignerin Vera Hinrichsen und lässt auf heute 450 m² viel Raum für vergnügliches Shoppen. Du findest kleinere Luxuslabels wie Isabel Marant, Céline oder Kenzo ebenso wie Klassiker von Chanel und Louis Vuitton.

160. THOMAS I PUNKT

CITY • *Mönckebergstraße 21 •*
thomas-i-punkt.de

Das Familienunternehmen der Familie Friese sieht von außen aus wie ein ehrwürdiges hanseatisches Kaufhaus. Kern des Sortiments ist die eigene Strickserie OMEN, die durch bunte Farben und ungewöhnliche Schnitte auffällt und komplett in Hamburg produziert wird. Außerdem war Thomas I Punkt schon vor 20 Jahren für uns die erste Adresse für die coolsten Sneaker und Skater-Klamotten. Erlebenswert ist auch der neue Shop am Gänsemarkt.

161. BRAUN

CITY • *Mönckebergstraße 17 •*
braun-hamburg.com

Hamburg hat in Eppendorf eine tolle Vielfalt an kleinen persönlichen Mode-Boutiquen für Frauen zu bieten. Für Männer ist die Auswahl spärlich, aber oft soll es für die Herren ja effizient sein und so gibt es bei Braun in der Mönckebergstraße alles, was das modische Männerherz begehren könnte: von Sneakern bis zum Anzug.

162. VINTAGE GALLERY

KAROVIERTEL • *Marktstraße 27 •*
mscastrorides.com

Die Marktstraße im lebhaften Karoviertel ist mit ihren vielen kleinen Geschäften für uns eine der schönsten Einkaufsstraßen Hamburgs. Stores wie die Vintage Gallery machen ihren Charme aus. Sneaker, Taschen, Trainingsjacken oder Anzüge – hier entdecken wir Originale bekannter Marken wie Adidas, Nike oder Versace, die teilweise schon fast einhundert Jahre alt sind.

163. HOT DOGS

KAROVIERTEL • *Marktstraße 38*

Lässige und ausgefallene Second-Hand-Stücke genauso wie originalverpacke Sneaker aus den Siebzigern und Achtzigern suchen bei Hot Dogs neue Liebhaber. Wer Vintage genauso mag wie wir, der sollte hier unbedingt mal durch die Kleiderstangen stöbern. Bei einem traumhaften Stück Kuchen von Harbor Cake nebenan gönnen wir unseren Füßen eine kleine Pause.

164. JOHANNA SCHULZ

HAFENCITY • *Stockmeyerstraße 43 • johanna-schultz.de*

Bei Johanna bummelt man in charmanter Flohmarktatmosphäre nach seinen neuen Lieblingsmöbeln und Wohnaccessoires. Ein Besuch lässt sich mit einem Lunch in der Oberhafen-Kantine oder in der Markthalle Hööbenkook schön kombinieren.

165. GLORE

KAROVIERTEL • Marktstraße 31 • glore-hamburg.de

Die einst alternative Markstraße im Karoviertel mit den versteckten
Vintage-Läden im Souterrain hat mittlerweile viele attraktive Neuzu-
gänge, die das Viertel durch den entstandenen Kontrast umso spannen-
der machen. Wiebke Clef hat hier ein unvergleichliches Sortiment an
Fair Fashion und Accessoires zusammengestellt. Ganz neu ist auch das
zweite Geschäft in Altona (Holstenstraße 175).

170.

Hamburger geben nicht auf.
– Uwe Seeler

166. RIDERS ROOM

KAROVIERTEL • *Thadenstraße 4* •
ridersroom.de

Den Riders Room am Neuen Pferdemarkt auf der Schanze gibt es schon seit 1995. Er führt coole Motorradjacken für Biker und Liebhaber. Daneben gibt es noch allerlei andere Lederklamotten, wie zum Beispiel unsere liebsten roten Lederstiefel von Red Wings. Stilecht passt dazu die Currywurst im Imbiss von Schorsch (beim Grünen Jäger 14).

167. SAXIFRAGA

KAROVIERTEL • *Glashüttenstraße 100* •
saxifraga.cc

Ein Besuch bei Saxifraga fühlt sich an, als würden wir in eine andere Welt eintauchen, die uns mit schillernden Farben, Bildern und Gerüchen empfängt. Fernab von klassischen Blumensträußen bekommen wir hier fantasievolle Bouquets in wilden Farb- und Formkombinationen, die eine ganz einzigartige Wirkung haben.

168. VUNDERLAND

KAROVIERTEL • *Marktstraße 137* •
vunderland.de

Beim Bummeln durch das Karoviertel ist das Vunderland eines unserer Lieblingsziele. Neben Kleidung und Schuhen findet man hier auch Handtaschen, Schmuck, Postkarten und viele weitere Accessoires – und zwar allesamt vegan und fair produziert. Nach einem Einkauf mit gutem Gewissen genießen wir die lebendige Marktstraße in einem der vielen Cafés bei leckerem Kaffee und Kuchen.

169. MUSSWESSELS

ST. PAULI • *Clemens-Schultz-Straße 29* •
musswessels.org

Wie es aussieht, wenn ein neues Lieblingsstück entsteht, das können wir bei Designerin Kathrin Musswessels miterleben. Denn ihr Store auf St. Pauli ist Atelier und Verkaufsfläche zugleich. Das avantgardistische Label steht für klare, minimalistische Schnitte mit femininen Details. Verwendet werden vor allem edle Naturmaterialien wie Seide, Kaschmir und Schurwolle.

170. HIP CATS

ST. PAULI • *Hein-Hoyer-Straße 56* •
hip-cats.de

Ihr seid auf der Suche nach einem tollen Vintage-Laden? Dann müsst ihr sofort in die schöne Hein-Hoyer-Straße. Ob geblümtes 20er-Jahre-Kleid, schicke Handtasche oder feiner Trenchcoat, in dieser Fashion-Oase scheint die Zeit stehen geblieben zu sein. Zur riesen Auswahl gibt es auch noch eine top Beratung.

171. MINIMARKT

STERNSCHANZE • *Bartelsstraße 37 • minimarkt.com*

Was für ein schöner Concept Store mitten in der Schanze! Einrichtungs-gegenstände und Accessoires im skandinavischen Stil warten hier da-rauf, ihre neuen begeisterten Besitzer zu finden. Produkte von kleinen Hamburger Labels, aber auch von internationalen Design-Marken teilen sich im Minimarkt die Schaufenster. Bei einer Shoppingtour ist also für jeden Geldbeutel ein neues Lieblingsstück dabei.

172. LOKALDESIGN

STERNSCHANZE • Schulterblatt 85 • lokaldesign.de

Inhaberin Katharina kenne ich seit mehr als zehn Jahren. Die Passion, mit der sie diesen wunderbaren Concept Store für unabhängiges und besonderes Möbeldesign führt, freut mich sehr! Hier können Designer und kleine Manufakturen ihre Kleinstserien oder teilweise sogar Unikate zur Präsentation und zum Verkauf stellen. Wer gerade nicht übers Schulterblatt spaziert, findet die Produkte auch im Onlineshop.

175

176.

173. FUX VINTAGE

ST. PAULI • Wohlwillstraße 11

Unsere Local Steffi Luxat schwört auf diesen Second-Hand-Kindermode-Laden im Karoviertel! Hier gibt es sensationelle Kindermode aus zweiter Hand und das passt wieder ganz wunderbar zum Thema Nachhaltigkeit, das uns in der Hansestadt so häufig begegnet. Neben Kleidung gibt es hier auch Schuhe, Spielzeug und Bücher.

174. B-LAGE HAMBURG

STERNSCHANZE • Kampstraße 11 •
b-lage.hamburg

Auf der Suche nach neuen Lieblingsstücken gehört die B-LAGE für uns bei einem Bummel durch die Schanze immer dazu. Neben einem festen Sortiment gibt es hier immer wieder Neues von unterschiedlichsten Designern und Künstlern zu entdecken. Besonders spannend? Bei einem der coolen Pop Up Events vorbeischauen, Gleichgesinnte treffen und sich inspirieren lassen!

175. CAPTAIN SVENSON

STERNSCHANZE • Bartelsstraße 2 •
captainsvenson.de

Captain Svenson ist der beste Beweis dafür, dass Fair Fashion keineswegs langweilig sein muss. Hier gibt's tolle Stoffe und Farben kombiniert mit coolen Schnitten, allesamt unter fairen Arbeitsbedingungen hergestellt. Neben Mode stehen auch Schmuck und ausgefallene Deko für Zuhause in den Regalen. Unser Liebling? Die auffälligen Statement-Ketten in schillernden Farben!

176. MONO CONCEPT STORE

STERNSCHANZE • Rosenhofstraße 5 •
mono-concept.com

Erst ein leckeres Frühstück im Café Kostbar, dann direkt gegenüber zum Mono Concept Store. Mitten im charismatischen Schanzenviertel erwarten uns hier coole Streetwear Styles und Accessoires für sie und ihn. Die Produkte kommen von unterschiedlichsten Labels aus Hamburg und der Welt.

177.

177.

175.

177. HAMBURG DFM

*OTTENSEN • Bahrenfelder Str. 150 •
dfm-hamburg.de*

Rund um die Zeise-Kinos kann man sich
wunderbar durch das bunte Ottensen
treiben lassen und ein sehr authentisches
Hamburg erleben. Das beste Frühstück
samt Kaffee gibt's bei Mikkels und im
Anschluss gehen wir zu Hamburg DFM
für hausgemachte Mode: denn hier wird
noch Maß genommen, angepasst und
geschneidert.

178. KAUFMANNSLADEN OTTENSEN

OTTENSEN • Bahrenfelder Str. 203

Bei einem Kaufmannsladen werden wir
immer an unsere Kindheit erinnert –
diesem Gefühl macht der charmante
Kaufmannsladen Ottensen alle Ehre.
Praktische Küchenutensilien, Oliven-
holz-Schalen und niedliche Porzellan-
tassen reihen sich neben allerlei Köstlichkeiten wie getrockneten Tomaten
und würzigen Honig in die deckenhohen
Regale und entführen uns gern in unsere
Vergangenheit.

179. STILBRUCH

ALTONA • Ruhrstraße 51 • stilbruch.de

Wir lieben es, über Flohmärkte zu
schlendern und können uns bei Stilbruch
oft gar nicht sattstöbern. Hier ein alter
Schallplattenspieler, dort ein rustika-
ler Ohrensessel – das Sortiment ändert
sich ständig. Neben Einrichtungsgegen-
ständen, Geschirr und Büchern gibt's
auch Fahrräder und Kleidung zu er-
gattern. Der perfekte Ort, um selbst bei
Hamburger Schietwetter nicht auf das
Flohmarktgefühl zu verzichten.

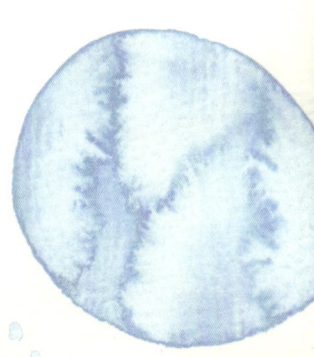

Weidenallee

Der liebevoll und sorgfältig kuratierte Einrichtungsladen Weide existiert schon seit über 15 Jahren. Hier findet ihr so viele tolle Lieblingsstücke, die ihr gar nicht gesucht habt, aber immer schon haben wolltet. Das Sortiment ist breit und reicht von Porzellan und Tapeten bis hin zu Pflanzen und Mode. Wenige Meter weiter liegt auch die sympathische Modeboutique Purple Pink, die sich bei der Gelegenheit auch auf einen Besuch freut. Schräg gegenüber befindet sich ein weiteres Damenmodegeschäft, das man ins Shop Hopping einbauen kann: Nele-Industries. Weiter in Richtung Christuskirche lockt noch ein super Vintage-Mode-Laden: Second Schanze. Auf dem Weg lässt sich noch ein Craft-Bier bei Beyond Beer kosten.

180. PURPLE PINK

EIMSBÜTTEL • Weidenallee 21 •
purple-pink.de

181. NELE INDUSTRIES

EIMSBÜTTEL • Weidenallee 6 •
nele-industries.myshopify.com

182. WEIDE

EIMSBÜTTEL • Weidenallee 23 •
weide-hamburg.de

183. BEYOND BEER

EIMSBÜTTEL • Weidenallee 55 •
beyondbeer.de

184. SECOND SCHANZE

EIMSBÜTTEL • Weidenallee 54 •
secondschanze.de

185. ANITA HASS

EPPENDORF • *Eppendorfer Landstraße 60* • *onlyanita.com*

Die Modeboutique Anita Hass gehört zu den trendigsten Fashion Concept Stores Deutschlands und es gibt sie bereits seit 1970. Als Jugendlicher war ich schon mit meiner Mutter immer hier und tief beeindruckt von der schicken Stilberatung, den Düften und den kostbaren und kostspieligen Designerstücken. Vielleicht hat hier meine Liebe zur Mode begonnen. Der Laden hat sich über die Jahre immer wieder neu erfunden und ist auch heute unter der Leitung Christian Villwocks unsere Lieblingsadresse unter den schicken Fashion Stores in Hamburg.

189.

189.

186. FRAU HANSEN

EIMSBÜTTEL • Osterstraße 170 •
frauhansen.de

Ein Geschenk für den Neffen, ein Mitbringsel aus Hamburg oder ein neues Lieblingsstück zum Selbstbehalten? Der Concept Store Frau Hansen vereint ganz unterschiedliche Dinge zum Verlieben, von der Wohnecke, über ein vollständig eingerichtetes Kinderzimmer, bis hin zur Kleiderstange mit tollen Unikaten. Viele Stücke sind von lokalen Hamburger Designern.

187. MY PERFECT SUNDAY

EPPENDORF • Isestraße 86 •
myperfectsunday.de

Wiebke Recke widmet sich dem perfekten Sonntag rund ums Bett! Dazu gehören neben Pyjamas auch Düfte, Lampen oder Kissen für enspannte Stunden.

188. ISEMARKT

EPPENDORF • Isestraße 1–73 • isemarkt.com
Von duftenden Gewürzen aus aller Welt spazieren wir weiter, vorbei an prächtigen Blumenständen und frischem Fisch. Immer dienstags und freitags empfängt uns der Hamburger Isemarkt in Eppendorf unter der Hochbahnbrücke mit rund 200 Marktständen. Ob regionale Zutaten für unser Abendessen oder ein Geschenk für die beste Freundin – bei dem riesigen Angebot gehen wir nie mit leeren Händen nach Hause.

189. BON VOYAGE

EPPENDORF • Lehmweg 33 •
bonvoyageinterieur.com

Wenige Meter vom Isebekkanal liegt dieser mit viel Sorgfalt und Liebe kuratierte Einrichtungsladen, der eklektische Designerstücke präsentiert.

190. MILI STORE

EPPENDORF • Klosterallee 110 •
mili-store.com

Ein Lieblingstipp von unserer Soulmate Steffi. Die Isländer sind bekannt für die neuesten Trends in Mode und Musik und so überzeugen auch Inhaberin Frida Björk Tomasdottir und ihre beiden Töchter Sara und Heidi mit einem sorgsam kuratierten, skandinavischen Sortiment.

191. LOVE IT GREEN

EPPENDORF • Schrammsweg 4 •
loveitgreen.de

Das Thema Nachhaltigkeit zieht sich wie ein roter Faden durch viele unserer Tipps. Ob bei der Renovierung des kleinen Hotels Das kleine Schwarze, in der Küche von unserem Local Marianus von Hörsten oder auch in der Mode wie hier im Love it Green: Inhaberin Katharina Salm wuchs als Kind mit kratzigen Öko-Wollpullovern auf. Heute verkauft sie in ihrem Laden stylische Eco und Fair Trade Mode. Auch online.

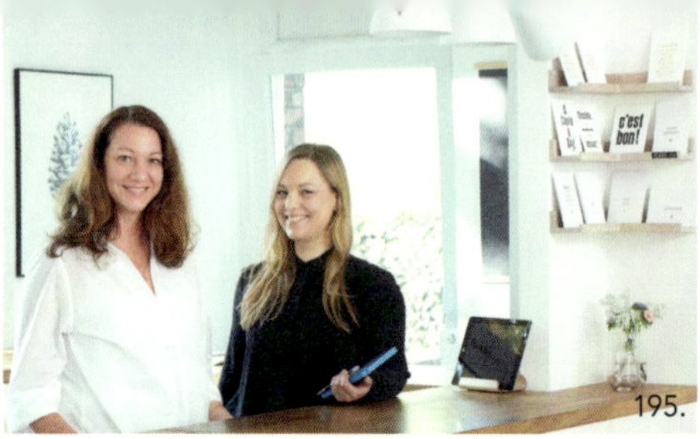
c'est bon!
195.

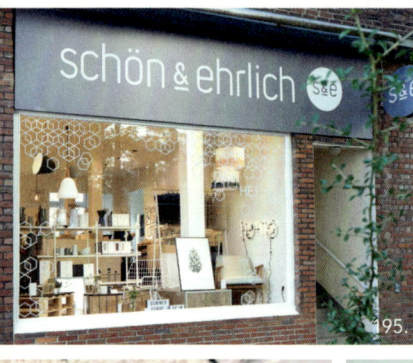

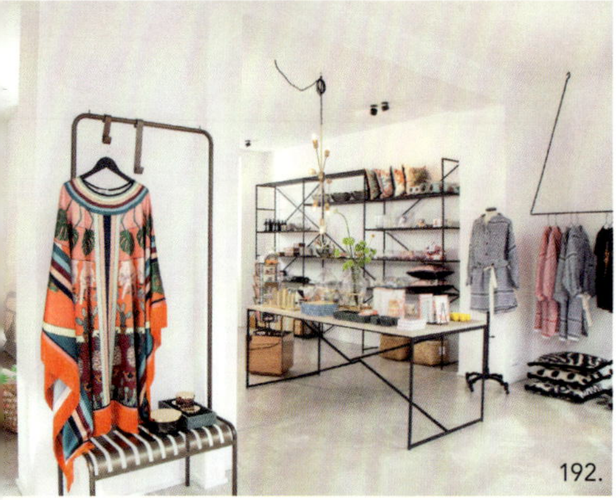
192.

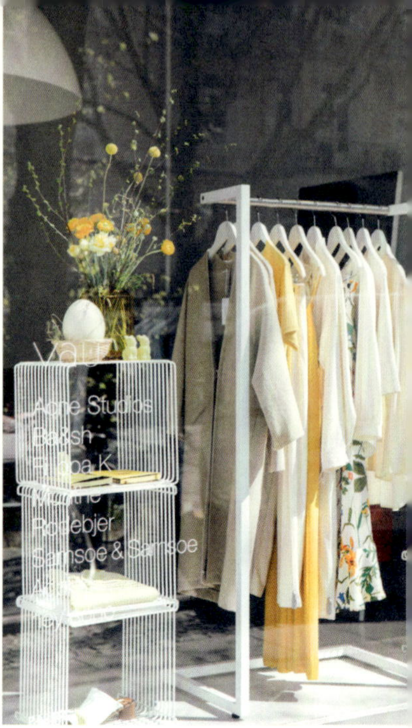
Acne Studios
Rodebjer
Samsoe & Samsoe

schön & ehrlich
S&E
195.

fastest girl alive
Le chocolat des Français
POOL BOY
Room Service

192.

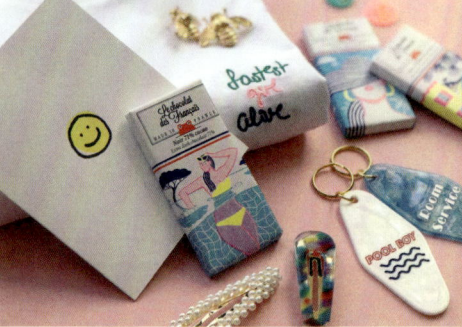

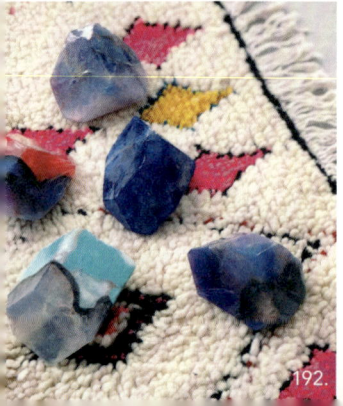

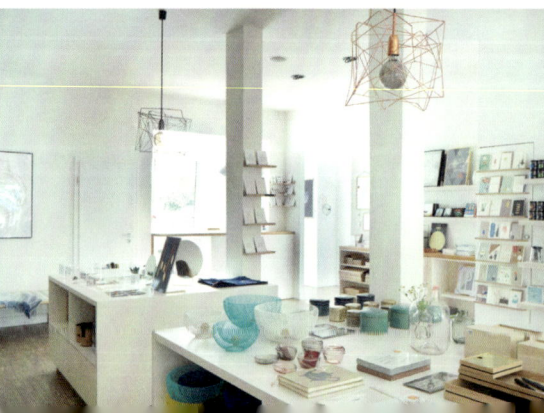

192. HELLO LOVE

EPPENDORF • *Eppendorfer Weg 283* •
shop-hellolove.de

Viele schöne farbenfrohe Dinge gibt es
im Interior Store Hello Love der Inhaber
Anni und Rike. Das Sortiment reicht
von Fashion bis hin zu Wohnaccessoires
wie Kissen und Vasen und diesen entzückenden Kleinigkeiten, die man schon
immer haben wollte!

193. VAU

EPPENDORF • *Eppendorfer Baum 20* •
vau-hh.de

Eine unserer liebsten Adressen für skandinavisches Design. Im charmanten
Stadtteil Eppendorf erwartet uns bei
VAU ein Mix aus nationalen und internationalen Labels. Direkt nebenan gibt's
bei vau ntrr handverlesene Accessoires
für das Zuhause. Besonders gut gefallen
uns die handgemachten Papeterie-Pro-
dukte, die sich wunderbar als Geschenk
eignen.

194. DAS 7. ZIMMER

EPPENDORF • *Hegestraße 7* • *das7tezimmer.de*

Ein Lieblingstipp unserer Local Soulma-
te Sabrina. Wer gerade am Eppendorfer
Baum unterwegs ist, sollte unbedingt die
Hegestraße entlangspazieren und einen
Stopp bei diesem versteckten Antiqui-
tätengeschäft in einem Hinterhof ma-
chen. Ein Ort für leidenschaftliche
Schatzjäger!

195. SCHÖN & EHRLICH

WINTERHUDE • *Gertigstraße 18* •
schoen-und-ehrlich.de

Kleine Details machen ein Haus zu
einem Zuhause, und genau diese finden wir bei schön & ehrlich. In diesem
Interior-Laden in Winterhude dürfen
wir stöbern und staunen. Die Produkte
werden von den beiden Inhaberinnen
mit viel Liebe ausgesucht, oft gibt es
hier skandinavisches Design, häufig in
kleinen Manufakturen individuell und
von Hand gefertigt.

Buchhandlungen

196. SAUTTER + LACKMANN
CITY • *Admiralitätstraße 71* •
sautter-lackmann.de

197. FELIX JUD
CITY • *Neuer Wall 13* • *felix-jud.de*

198. GUDBERG NERGER
CITY • *Poolstraße 8* • *gudbergnerger.com*

199. KOCH KONTOR
KAROVIERTEL • *Karolinenstraße 27* •
koch-kontor.de

200. COHEN + DOBERNIGG
STERNSCHANZE • *Sternstraße 4* •
codobuch.de

201. BUCHHANDLUNG LÜDERS
EIMSBÜTTEL • *Heußweg 33* •
buchhandlunglueders.de

202. STORIES!
EPPENDORF • *Straßenbahnring 17* •
stories-hamburg.de

8. Bars, Musik & Vergnügen

„Das Herz von St. Pauli, das ist meine Heimat, in Hamburg, da bin ich zuhaus", singt Hans Albers und ruft all die wilden Bilder hervor, die wir schon auf der Reeperbahn erlebt haben: in den Kiez-Spelunken ebenso wie in Szene-Bars, Clubs und Musik-Hotspots. Im Kontrast dazu stehen die großen Hamburger Bühnen für Theater und Klassik-Konzerte wie die Elphi, das Schauspielhaus oder der Tonali Saal. Und dann all die coolen Musik-Locations wie das Grünspan, das Hafenklang und das Übel & Gefährlich. Für jeden Geschmack findet man hier die passende Ausgeh-Empfehlung für eine unvergessliche Nacht.

„Die Nächte lehren viel, was die Tage
niemals wissen …"
– aus Persien

216.

206.

Bars

203. LE LION
CITY • Rathausstraße 3 • lelion.net

204. THE BOILERMAN BAR
HAFENCITY • Osakaallee 12 • boilerman-hafenamt.de

205. WEINLADEN
ST. PAULI • Paul-Roosen-Straße 29 • weinladen.de

206. STANDARD BAR
ST. PAULI • Große Freiheit 90 • standard.hamburg

207. ZUR RITZE
ST. PAULI • Reeperbahn 140 • zurritze.com

208. ZUM SILBERSACK
ST. PAULI • Silbersackstraße 9

209. ZUM ANKER
ST. PAULI • Davidstraße 10

210. MÖWE STURZFLUG
ST. PAULI • Clemens-Schultz-Straße 96

211. CHUG CLUB
ST. PAULI • Taubenstraße 13 • thechugclub.bar

212. CHAMBRE BASSE
STERNSCHANZE • Schulterblatt 73

213. BAR DANIELA
STERNSCHANZE • Schulterblatt 86 • daniela-bar.de

214. HAFENBAHNHOF
ALTONA • Große Elbstraße 276 • hafenbahnhof.com

215. STRAND PAULI
ALTONA • St. Pauli Hafenstraße 89 • strandpauli.de

211.

204.

215.

220. BOTANIC DISTRICT BAR
EPPENDORF • Hegestraße 14 •
botanic-district.de

216. DRILLING
OTTENSEN • Friesenweg 4 • drilling.hamburg

217. NOWA HUTA
EIMSBÜTTEL • Lindenallee 37 • all-bar.com

218. BAR 439
EIMSBÜTTEL • Vereinsstraße 38 • bar439.de

219. THE GONE AWAY BAR
EIMSBÜTTEL • Milchstraße 25 • goneawaybar.com

206.

221. MONKEY BEACH
WINTERHUDE • Hofweg 103 • kailuapoke.de

222. THE GEORGE – HOTEL HAMBURG
ST. GEORG • Barcastraße 3 • thegeorge-hotel.de

223. M&V BAR
ST. GEORG • Lange Reihe 22 • mvbar.de

224. 28°GRAD STRANDBAD WEDEL
WEDEL • Hakendamm 2 • 28grad.net

209.

Clubs

225. GRÜNER JÄGER
*KAROVIERTEL • Neuer Pferdemarkt 36 •
gruener-jaeger-stpauli.de*

226. MOLOTOW
ST. PAULI • Nobistor 14 • molotowclub.com

227. GOLDEN PUDEL CLUB
*ST. PAULI • St. Pauli Fischmarkt 27 •
pudel.com*

228. PRINZENBAR
*ST. PAULI • Kastanienallee 20 •
docks-prinzenbar.de*

229. MOJO CLUB
ST. PAULI • Reeperbahn 1 • mojo.de

230. PAL
*STERNSCHANZE • Karolinenstraße 45
http://pal-tv.de*

231. SÜDPOL
*HAMMERBROOK • Süderstraße 112 •
suedpol.org*

235.

239

Musik

232. COTTON CLUB
CITY • Alter Steinweg 10 • cotton-club.de

233. ELBPHILHARMONIE
HAFENCITY • Platz der Deutschen Einheit 1 • elbphilharmonie.de

234. ÜBEL & GEFÄHRLICH
KAROVIERTEL • Feldstraße 66 • uebelundgefaehrlich.com

235. GRUENSPAN
ST. PAULI • Große Freiheit 58 • gruenspan.de

236. FRAU HEDIS TANZKAFFEE
ST. PAULI • Landungsbrücken • Brücke 10 • frauhedi.de

237. DOCKS
ST. PAULI • Spielbudenpl. 19 • docks.de

238. HAFENKLANG
ALTONA • Große Elbstraße 84 • hafenklang.com

236.

239. FABRIK
OTTENSEN • Barnerstraße 36 • fabrik.de

240. BIRDLAND
EIMSBÜTTEL • Gärtnerstraße 122 • jazzclub-birdland.de

241. TONALI SAAL
EIMSBÜTTEL • Kleiner Kielort 3 • tonali.de

232.

9. Hotels

Wir lieben Hotels mit Seele, einzigartige Orte mit Persönlichkeit, Stil und Schönheit. Es sind Orte, an denen Geschichten erzählt und neue geschrieben werden. Die Geschichten handeln von passionierten Gastgebern, kreativen Ideen und Designs und internationalen wie auch lokalen Begegnungen. Kontraste sind dabei sehr willkommen und so reichen unsere Empfehlungen von noblen Fünf-Sterne-Häusern über cool designte Stadthotels bis hin zu unbekannten Hide-Aways und kleinen, aber charmanten Buden. Hier unsere Auswahl an Lieblingsorten in Hamburg für erholsame Nächte und inspirierte Tage.

„Der Schlaf ist doch die köstlichste Erfindung …"
– Heinrich Heine

242. 25 HOURS, ALTES HAFENAMT

HAFENCITY • Überseeallee 5 • 25hours-hotels.com/hotels/hamburg/hafencity

Bei dem roten Backsteinhaus handelt es sich um das älteste denkmal-
geschützte Gebäude in der Hafencity. Das moderne hippe Design des
Hotels wird hier mit dem Flair des ehemaligen Kapitänsheims kombiniert. Besonderes Highlight ist die stilvolle Boilerman Bar, die für
Gäste und Einheimische ein toller Tipp für das Abendprogramm ist.
Wer unbedingt die Sauna mit Hafenblick erleben will, der sollte im benachbarten 25hours Hotel Hafencity einchecken.

243. FRITZ IM PYJAMA

STERNSCHANZE • *Schanzenstraße 101* • *pyjama-park.de*

Fritz im Pyjama begrüßt uns im Einzel-, Doppel- oder Dreibettzimmer mit schmucken Retro-Tapeten und Accessoires aus vergangenen Zeiten. Direkt an der S-Bahn Sternschanze gelegen, sind wir hier mitten im Geschehen und können uns gar nicht zwischen den vielen Möglichkeiten für Brunch, Kaffee und Cocktails am Abend entscheiden. Und wenn wir nach einer wilden Nacht lieber Frühstück im Bett wollen, versorgt uns Fritz auch damit.

246.

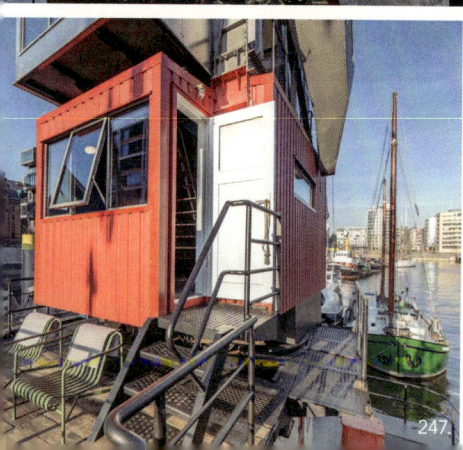

247.

244. RUBY LOTTI

CITY • Düsternstraße 1 • ruby-hotels.com

Lotti liegt sehr zentral. Wer gut zu Fuß unterwegs ist, der kann von hier sowohl zum Jungfernstieg an der Binnenalster als auch zur Elbphilharmonie in der Hafencity spazieren. Das Interieur ist jung und modern und die Preise sind vergleichsweise günstig. Zum Frühstück könnt ihr am besten zu einem unserer Lieblingscafés spazieren, zur Erste Liebe Bar.

245. SIR NIKOLAI HOTEL

CITY • Katharinenstraße 29 • sirhotels.com

Sir Nikolai liegt in einem ehemaligen Kontorhaus zwischen Innenstadt und Hafencity. Zur Elbphilharmonie und zu den Deichtorhallen (zum Lunch unbedingt in die Oberhafen-Kantine oder zu Hobenköök) ist es von hier nur ein Spaziergang. Zimmer mit einem schicken eleganten Stil und ein freundliches Team machen das Haus zu einem super Ort, um die wichtigsten Sehenswürdigkeiten zwischen Alster und Hafen zu entdecken.

246. TORTUE HAMBURG

CITY • Stadthausbrücke 10 • tortue.de

Das neue Hamburger Luxushotel überzeugt durch elegantes und extravagantes Design. Das Wappen des Hauses ist die Schildkröte, die symbolisch für den genussvollen und entschleunigten Aufenthalt steht. Ganz im Zeichen des Genusses gehören auch zwei exquisite Restaurants und drei stylische Bars mit coolem Ambiente zum Haus.

247. FLOATEL HAFENKRAN HIDEAWAY

HAFENCITY • Am Sandtorkai 66 • myfloatel.de

Die vielleicht ungewöhnlichste Bleibe findet sich im Sandtorhafen in der Hafen City. Der ehemalige Hafenkran wurde in eine schicke Design-Unterkunft umgebaut und ermöglicht von der kleinen Terrasse einen einzigartigen Blick auf die Elbphilharmonie. Das exklusive Erlebnis hat jedoch seinen Preis, es liegt bei etwa 400 Euro pro Nacht.

249.

249.

248.

248. DAS FERIENHÄUSCHEN ST. PAULI

ST. PAULI • Paul-Roosen-Straße 7 •
dasferienhäuschen.de

Ein gemütliches und ruhiges Ferienhaus mitten auf dem Kiez? Gibt's in Hamburg wirklich! Das herzlich eingerichtete Ferienhäuschen St. Pauli bietet Platz für sechs Personen und liegt versteckt in einem Hinterhof der belebten Paul-Roosen-Straße. Nachdem wir hier angekommen sind, starten wir mit fantastischen Ramen nach japanischem Vorbild im Kokomo Noodle Club in unseren Abend.

249. SUPERBUDE

STERNSCHANZE • Juliusstraße 1 •
superbude.de

In Hamburgs Szeneviertel Sternschanze, St. Pauli und St. Georg nahe der Alster ist diese kleine Hotelkette das perfekte Zuhause für alle, die es lebendig und gesellig lieben – die perfekte Wahl auch für Familien, für die die Themenzimmer mit vier Betten und mehr bestens geeignet sind. Super sympathische Atmosphäre, ein unschlagbares Preis-Leistung-Verhältnis und dazu gibt es immer wieder coole Events wie Lesungen oder abendliche Laufrunden.

250. ELBECAMP CAMPING

FALKENSTEIN • Falkensteiner Ufer 101 •
elbecamp.de

Ohne den Tipp unserer Local Soulmate Manuela hätten wir dieses gut versteckte Gem nie gefunden. Mitten im Grünen und direkt am Falkensteiner Sandstrand befindet sich dieser fantastische Campingplatz für Zelte und Camper. Dazu gehört auch ein Abenteuerspielplatz für Kinder und ein nettes Restaurant. Die tolle Atmosphäre dürfen auch Nicht-Übernachtungsgäste erleben. Anfahrt per Auto oder auch mit dem Rad ist von Blankenese gut möglich.

251. TINY ESCAPE

EIMSBÜTTEL • Schnaakenmoor •
tinyescape.de

Im Hamburger Westen (Stadtteil Rissen) bietet Tiny Escape ein tolles Hideaway an einem einzigartig idyllischen Ort: dem Naturschutzgebiet Schnaakenmoor. Das kleine Häuschen ist mit allerlei romantischem Komfort ausgestattet und ein absoluter Traum für Naturliebhaber. Von hier lässt sich eine ganz andere Seite von Hamburg kennenlernen und doch ist die City nur eine halbe Stunde entfernt.

252. DAS KLEINE SCHWARZE

EIMSBÜTTEL • *Tornquiststraße 25 • das-kleine-schwarze.com*

Unsere Soulmates Ralph und Tina haben hier mit hohem Anspruch an Ästhetik und Nachhaltigkeit dieses kleine persönliche Hotel erbaut und gestaltet: Das kleine Schwarze steht auffällig unauffällig als Reihenhaus zwischen klassischen Eimsbüttler Gelbklinkerhäusern. Neben den stilvollen Zimmern gibt es im Garten einen Caravan, der separat genutzt werden kann – damit die Eltern mal ungestört sind. Der Bauhaus-Charme wird durch wechselnde Foto-Ausstellungen noch unterstrichen.

253. THE FONTENAY

EIMSBÜTTEL • Fontenay 10 • thefontenay.de

Inhaber und Hamburg-Ikone Michael Kühne hat mit dem kürzlich eröffneten The Fontenay einen neuen Maßstab für die ehrwürdigen Hamburger Luxus-Hotels gesetzt. Schon beim Eintreten imponieren die komplexen Formen des weiß strahlenden Hauses, das der Hamburger Architekt Jan Störmer entwarf (dessen Vater baute die berühmte Alsterschwimmhalle). Absolutes Highlight ist die Dachterrasse mit der Panorama-Bar und dem einmaligen Spa-Bereich, dessen Außenpool einen grandiosen Blick über die Alster bietet. Das hauseigene Gourmet-Restaurant hat bereits kurz nach der Eröffnung den ersten Michelin-Stern verliehen bekommen.

254. THE WHITE HOUSE – VON DESKA HOUSE

EIMSBÜTTEL • Rothenbaumchaussee 197 • vondeska-townhouses.de

Von Deska bietet wundervolle Apartments, die perfekt für Familien oder einen längeren Aufenthalt geeignet sind. Das White House in Eppendorf besticht beispielsweise durch den eleganten Charme einer Hamburger Altbauwohnung und ist komplett ausgestattet, damit man sich hier wie zu Hause fühlen kann.

255. SLEEPEROO

Wilhemsburg • Neuhöfer Str. 17 • sleeperoo.de

Hoch oben auf dem Hamburger Energiebunker steht im Sommer ein luxuriöser Design Cube von Sleeperoo. Hier hat man freien Blick auf die schöne Silhouette Hamburgs, den man in der Nacht ganz für sich hat. Die Cubes sind gemütlich ausgestattet und erlauben in der Nacht einen tollen Blick in die Sterne. Die Sleeperoo Cubes stehen auch an anderen Locations, die man online einsehen kann.

„Hamburg, du bist das frisch gewaschene und gebügelte hellblaue Hemd,

das man gern
sonntags zum
Tee bei Freunden
anzieht … "

– *Annett Louisan*

„Ich bin wie ein
Seebär gepolt, komme
rum in der Welt, aber
auch immer wieder
zurück in meinen
Hafen Hamburg."

– Fatih Akin

DANKE,

für's Lesen, Sich-Inspirieren-lassen und Entdecken mit diesem Reiseführer. Er wurde mit sehr viel Feldforschung, Freude und Neugierde gestaltet.

Seit 2010 haben wir es uns mit NECTAR & PULSE zur Aufgabe gemacht, die schönsten Orte dieser Welt zu finden und mit reiselustigen und gleichgesinnten Menschen zu teilen. Aus dieser jahrelangen Recherche und Liebe zum Reisen ist eine große Schatzkiste aus Restaurants, Cafés, Shops, Hotels, Museen, Galerien, Seen, Bars und inspirierenden Local Soulmates entstanden. All diese Schätze teilen wir in unseren Guides.

Auf unserer Website kann man sich Tipps von *Local Soulmates* downloaden und nach und nach produzieren wir mehr Reiseführer gemeinsam mit der Süddeutsche Zeitung Edition. Unter anderem gibt es die Glücklich in … Reihe bereits für Berlin, London, Paris, Südschweden + Stockholm, Toskana, München, Island und Dalmatien. Bei Fragen oder Anmerkungen schreib uns gerne.

Eine erfüllte Reise wünschen

Tanja & Christian

Mehr auf
NECTAR & PULSE – *nectarandpulse.com*
Süddeutsche Zeitung Edition – SZ-Shop.de

Instagram
@nectarandpulse
@the.rooses

Kontakt
hello@nectarandpulse.com

Das Leben ist eine Reise.

IMPRESSUM

© 2019 NECTAR & PULSE GmbH & Co KG, Berlin

Idee & Redaktion: Tanja Roos und Dr. Christian Roos
Konzept, Recherche, Text & Design: Tanja Roos und Dr. Christian Roos
Layout & Satz: detailverliebt. Ulrike Poppe, Leipzig
Weitere Texte: Alina Meisenbach
Lektorat: Christian Kneise

Herausgeber: Süddeutsche Zeitung Edition 2019
für die Süddeutsche Zeitung GmbH München
Projektmanager: Till Brömer und Sabine Sternagel
Karte / Infografik: Hanna Eiden, Rebecca Angerer, Anne Milachowski
Herstellung: Thekla Licht und Hermann Weixler
Druck und Bindung: optimal media GmbH, Röbel / Müritz
ISBN: 978-3-86497-515-8
1. Auflage

–

Local Soulmates:
Stefanie Luxat, Ralph & Tina Merz, Marianus von Hörsten, Mark & Sabrina Booch,
Manuela Gehrmann, Arne Platzbecker, Alexandra Friese, Luise Wagner

–

Fotografie, Illustration & Editing:
NECTAR & PULSE – Tanja Roos und Christian Roos

Weitere Fotos:
imageagency, Michael Holz, Uta Gleiser Photography, Katrin Silva, Angela Reinhardt, Kathja Metz, Maren Stöver, Henning Rogge, FABRIK, René Riis, The Table Kevin Fehling, Steven Haberland, Kunstverein Mail vom 8.5. (Presse....), Tim Gerdts, Hotel Louis C. Jacob, Stephan Lemke, Lisa Notzke - Glore, Jennifer Meyer, Michael Bennet, Malte Dibbern, Sinje Hasheider, Felix Amsel, Henning Rogge, Wim Jansen, Tim Gerdts

–

Dies ist ein unabhängiger Reiseführer. Es wurden keine Bezahlungen entgegengenommen. Jeder Tipp wird ausschließlich empfohlen, weil er uns gefällt. Für Anregungen und Verbesserungsvorschläge sind wir jederzeit dankbar.

Druck und Bindung in Deutschland.

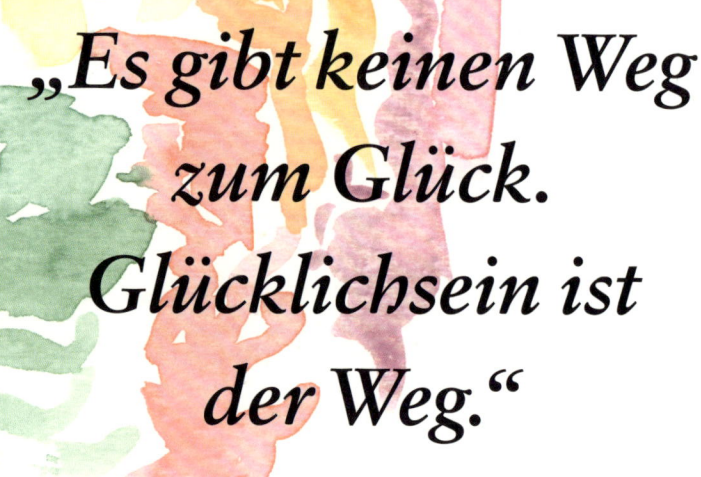

„Es gibt keinen Weg
zum Glück.
Glücklichsein ist
der Weg."

– Buddha